김원봉과
의열단 독립운동

김원봉과
의열단 독립운동

손주현 글 | 한용욱 그림

주니어김영사

차례

졸업할 팔자는 아니었지만 학교에서 평생을 함께할 친구를 만나다 7
조선이 사라졌다
산처럼 살 테니 물처럼, 별처럼 살아라
적을 이기는 길은 적의 방법을 아는 것

김좌진, 이시영 선생을 만나 싸우는 법을 배우고 의열단을 꾸리다 23
아무리 칼보다 펜이 강하다지만
조선 청년들의 학교, 신흥무관학교
천하의 일을 맹렬하게 해내겠어
일본의 간담을 서늘하게 만들어라

신채호 선생을 만나 의열단의 정신적 옷을 얻다 47
계속되는 불운에 흔들리다
신채호 선생이 제대로 된 의열단의 옷을 입혀 주다
일본의 눈엣가시, 갈수록 커지다
존재만으로 힘이 되는 조선의 정신, 의열단

조선 독립을 위한 군대를 만들기 위해 중국 지도자를 만나다 65
중국도 분명히 일본의 공격을 받을 것이다
정의를 향한 맹렬한 싸움, 그 마지막
몇 명의 무장 조직보다는 군대가 필요해

부인 박차정을 만나 안팎으로 조선의용대를 이끌다 77
일단 중국을 도와야 그들도 도와주지 않을까
이제 군대를 키워야할 때
부인을 만나 안과 밖에서 발맞추어 싸우다

조선의용대를 이끌고 김구 선생과 만나 무게를 견주다 92
정식 군대, 조선의용대 총대장 김약산
머리를 쓰는 전투 부대, 조선의용대
김구 선생을 만나다
한국광복군이 되어 독립전쟁에 임하다

광복 후 고국에서 친일파 노덕술을 만나 북으로 가다 111
꿈에 그리던 그날, 대한 독립 만세
해방된 조국의 현실에 슬퍼하지 않고
새로운 사명을 찾아
친일파와 한 하늘 아래 살아가기 힘들어지더라

김원봉 연표　132
작가의 말　134

졸업할 팔자는 아니었지만
학교에서 평생을 함께할 친구를 만나다

조선이 사라졌다

　'세상에 망조가 들었다'는 말이 어른들 입에서 하루에도 몇 번씩 흘러나왔다. 날마다 일본 순사가 칼과 몽둥이를 차고 다니며 조선 사람을 감시하고 조금만 잘못하면 몽둥이를 휘둘렀기 때문이다.

　"내 땅에서 왜 왜놈 눈치를 봐야 하나……."

　"그러게요. 집 앞을 안 치운다고 때리고, 산에서 나무만 잘못해도 몽둥이가 날아들지 뭐에요."

　평화롭던 조선 땅이 왜 갑자기 이렇게 됐는지 어리둥절해하곤 했다. 처음에 일본은 서양으로부터 조선을 보호한다는 구실을 내세웠다. 조선 황제가 보호를 바라지 않는다며 세상에 알리려 하자 군대를 몰고 가 강제로 임금 자리를 내놓게 하고 황태자를 새 황제로 세웠다. 몇 년 후인 1910년 결국 조선 관리 몇 명을 데리고 조약서에 도장을 찍게 한 뒤 조선이 일본의 속국이 되었다고 세상에 알렸다. 그게 1년 전 이야기다.

밀양보통학교 운동장 한쪽에서 서너

명의 아이들이 두런거리고 있었다.

"아니, 왜놈 왕 생일인데 왜 우리가 잔치를 해야 돼?"

한 아이가 구시렁거리자 다른 아이들도 씩씩거렸다. 구시렁대는 아이의 목을 타고 올라앉은 아이만 말이 없었다. 아이는 공중에 쭉 매달린 일장기를 걷어 내느라 바빴다. 걷은 일장기를 아래 선 아이에게 건네면 그 아이는 얼른 품에 그것을 숨겼다.

일장기를 떼는 아이는 김원봉이다. 중간에 입학해서 다른 아이보다 한 살 많은 열네 살이다. 며칠 전 일본 왕의 생일 축하 행사가 열리는 것에 대해 원봉이 처음 입을 열었다.

"여기는 조선 땅 조선인 학교야. 여기서 남의 왕이 생일잔치를 하다니 말이 돼? 시키는 대로 하면 우리가 진짜로 좋아서 하는 줄 알 거야."

"그럼 어떡해. 어른들도 가만히 있는데 우리가 뭘 하겠어?"

"어리면 어린 대로 할 수 있는 걸 하면 되지."

아이들은 새벽 동이 트기 전 학교 운동장에 모여, 누가 처음 부추겼는지는 잊은 채 침을 튀기며 일본이 얼마나 나쁜지

떠들었다. 김원봉은 입을 잘 열지 않지만 한 번 열면 듣는 사람이 저도 모르게 따르게 만들기 때문에 친구들은 홀린 듯 일을 해냈다. 오늘도 다 끝나고 원봉이에게 당했다고 투덜거릴지 모른다.

김원봉은 일장기 걷던 일을 마치고 한마디 뱉었다.

"일장기가 많기도 하다. 다 걸을 필요는 없어. 일장기가 변소에 처박혔다는 걸 보여 주는 것으로 충분하니까."

"그럼 이 정도로 하고 가자. 혹시 누가 나타날지 모르니까 내가 앞장설게."

김원봉의 이웃 친구 윤세주가 나섰다. 원봉과 친구들은 혹시 누가 볼까 봐 몸을 잔뜩 움츠리고 세주의 뒤를 따라 변소로 달려갔다.

"문 열어! 자, 옜다, 너희는 여기가 딱이다!"

원봉이 걷어 온 일본의 국기, 일장기를 똥 속으로 처박아 버렸다. 아이들은 속이 다 시원하다며 소리 없는 환호성을 질렀다.

그날 학교가 발칵 뒤집혔다. 일본의 국기는 일본을 대신하

는 거다. 그런 국기를 똥 무더기 속에 처박아 버렸으니, 그것도 일본 왕의 생일날!

누가 그랬는지 금방 밝혀졌고 김원봉과 친구 윤세주는 학교에서 쫓겨났다.

"어차피 일본 말만 배우고 일본 놈 흉내나 내라는 학교 따위 다닐 필요 없어."

"그러게. 서당 훈장님은 무섭긴 해도 금방 죽일 것처럼 칼을 차고 다니진 않잖아."

일본은 조선 사람을 일깨운다며 근대식 학교를 다니도록

강조했다. 그곳에서 일본에 찬성하는 인간으로 키우려는 속셈이었다. 조선 사람 중 그 속셈을 알아채고 학교보다는 서당을 보내는 사람도 많았다. 다들 신식 학교 노래를 부르는데 되려 서당이 더 늘어 사람들이 신기해 했다.

"우리 자식을 왜놈으로 만들 수는 없지."

김원봉도 그런 학교가 도통 마음에 들지 않았다. 원봉은 세주를 토닥였다.

"다시 서당에 다니면 돼. 아니면 우리를 받아 줄 조선식 학교가 분명히 있을 거야."

김원봉은 시골이긴 하지만 제법 땅이 있는 지주의 첫째 아들이었다. 아버지는 아들이 신식 학교에 다니길 바랐다. 하지만 김원봉은 학교를 다니면 다닐수록 화나는 일만 늘었고, 그 화는 나라를 잃어 생긴 억울한 일 때문에 솟아나는 거라 혼자 어떻게 할 수 없었다. 화가 쌓이고 쌓여 일본 왕의 생일 축하 행사를 맞아 큰일을 치고 만 것이다. 김원봉은 자신이 한 일을 전혀 후회하지 않았다.

산처럼 살 테니 물처럼, 별처럼 살아라

　보통학교에서 쫓겨났지만 김원봉은 얼마 안 있어 밀양읍에 있는 동화중학교에 2학년으로 들어가게 되었다. 이 학교 교장 선생님이 다른 학교와 달리 일본을 골탕 먹인 문제의 소년을 받아들일 만큼 깨어 있었기 때문이다. 김원봉은 이 학교에서 교장 선생님의 가르침에 영향을 많이 받았다. 교장 선생님은 학생들에게 이렇게 가르쳤다.

　"우리 땅의 주인은 우리다. 일본에게 우리 땅을 되찾기 전에는 늘 비참할 수밖에 없다."

　그런 교장의 성향을 알고 일본 당국이 계속 이 학교를 못살게 굴었고, 결국 꼬투리를 잡아 학교 문을 닫게 만들었다. 덕분에 김원봉은 서당과 보통학교에 이어 중학교에서도 졸업을 하지 못했다.

　가뜩이나 보통 아이들과 달리 옳지 못한 것은 두고 보지 못하는 소년인데 잘 다니던 학교 문을 닫게 했으니 일본에 대한 증오심은 더 커졌다. 그러던 중 아버지는 김원봉을 서울로 보냈다. 이왕이면 큰물에서 배우라는 뜻이었다. 김원봉은 서울에서도 유명한 중앙학교에 다니게 되었다. 전국적으로 내로라하는 서울 유명 중학교에서 웅변대회 1등을 할 정도로 능력을 보였지만 이번에는 다른 곳에서 문제가 생겼다.

서울 생활이 적응되자 김원봉의 눈에 자신을 머물게 해 준 서울 이모할머니의 화려한 삶이 들어왔다.

"조선 사람 대부분이 배를 곯고, 쓰러져 가는 집에서 힘들게 사는데 이모할머니는 잘 살아도 너무 잘 사는구나. 대체 아무것도 하지 않은데 왜 이리 잘 먹고 잘 살 수가 있지?"

별 일 하지 않고도 큰집에서 배불리 먹는 사람들이 너무 이상하게 보였다. 둘러보니 그런 사람들은 조선 사람보다 일본 사람과 가까워 보였다.

'이런 분에게 도움을 받는다는 사실을 참을 수가 없어. 내가 먹고 자는 데 쓰는 것도 조선 사람의 피를 빨아 나오는 것일 테니까.'

빼앗긴 나라를 되찾겠다며 애쓰다 죽어 가는 사람들의 소식을 들을 때마다 가만히 학교에 앉아 공부만 하는 게 맞는지 고민했는데, 떵떵거리고 사는 친척에 빌붙어 있다고 생각하니

참을 수 없는 지경에 이르렀다. 결국 학교를 박차고 나와 세상 구경을 해 보기로 했다. 16세에 서울에 올라와 2년 만의 일이다. 18세의 원봉은 가진 것 한 푼 없이 벌어 가며 여행을 시작했다.

중앙학교를 졸업하지 못했지만 엄청난 것을 얻었다. 평생 함께할 '동지'를 얻은 것이다. 동지란 뜻을 함께하는 친구를 가리킨다. 김원봉은 문제를 느끼면 고치려고 하고, 자기 자신이 아닌 모두를 위해 애쓰고, 희생이 따라도 할 일을 반드시 해야 한다고 늘 생각했다. 그 생각과 딱 맞는 친구를 중앙학교에서 사귀게 되었다. 이름은 김두전, 이명건. 당시에는 친구 사이라도 이름을 부르기보다 존중하는 뜻으로 호를 불렀다. 셋은 자신의 호를 지었다.

"나 김두전은 흐르는 물처럼 쉬지 않고 가겠다는 뜻으로 같을 약(若), 물 수(水)를 써서 '약수'라고 하겠네."

"나 이명건은 별처럼 늘 빛나겠다는 뜻으로 같은 여(如), 별 성(星)을 써서 여성이라고 하겠네. 원봉, 자네는?"

"나는 뭘로 할까?"

"자네는 먼저 떠들기보다 뒤에 버티고 서서 지켜보는 사람이지. 바람이 불어도 쉽게 흔들리지 않고, 산처럼 늘 그 자리에서 버티고 이겨 내겠다는 뜻으로 같을 약(若), 뫼 산(山)을 써서 약산이라고 하세."

그 뒤로 세 사람은 서로를 김약산, 김약수, 이여성으로 불렀고, 약수와 여성은 나중에 진짜 이름 대신 아예 호를 이름으로 삼았다.

    세 친구는 이후 평생 같이 혹은 따로 하나의 목표인 조국의 독립을 위해 머리를 맞대고 의논했고, 행동으로 옮겼으며 끝까지 싸웠다. 그리고 죽을 때까지 그 우정은 계속되었다.

적을 이기는 길은 적의 방법을 아는 것

    쿵하면 짝하고 맞았던 친구들, 김원봉은 그 친구들과 헤어지는 것이 아쉬웠다. 그래도 어지러운 세상에 혼자만 잘 먹고 잘 사는 게 아닌가 싶어 자신을 돌아보기 위해 서울을 떠나기로 했다. 무작정 돌아다니는 것이 아니라 고구려, 백제, 신라 등의 옛 수도를 찾아가거나 깊은 산속의 절을 방문했다. 어느 절에 들어가 책을 읽고 또 읽었는데 대부분 힘을 길러 어두운 세상에 맞서 싸우는 사람들의 이야기였다. 그러다 눈에 번쩍 띄는 게 있었다.

    '군사를 다루고 전쟁을 하는 것에도 다 이론이 따로 있구나…….'

일본은 막강한 군사력으로 청나라와 러시아를 연거푸 이기고 조선을 집어삼켰다. 조선이 그 손아귀에서 벗어나려면 그에 맞설 군사력이 필요하다는 생각을 들었다.

'지금 세계 최강의 군대를 가진 나라는 독일이다. 최고의 군사학을 가진 나라도 독일이고. 독일의 군사학을 공부해야겠어.'

열아홉 살, 10대의 끝에 섰다. 돌아볼 만큼 돌아봤고 이제는 행동할 때라는 생각이 머리를 스쳤다. 독일 군사학을 배우기 위한 첫걸음은 독일어 공부라는 결론에 이르렀다.

당시 중국은 세계 여러 강대국이 눈독을 들이고 들어와 이런저런 위협을 하는 통에 중국 땅 여기저기를 강제로 내주어야 했다. 이렇게 빌려주는 곳을 조계지라고 했는데 광저우는 프랑스, 따롄은 일본, 칭따오는 독일의 조계지가 되었다. 이 안에서는 빌린 나라가 공사를 세워 마치 자기 나라처럼 세금을 걷고, 여러 기관을 세우고 자기 국민을 옮겨 와 살게 했다. 김원봉은 독일의 또 다른 조계지 톈진에 덕화학당이라는 독일인 학교가 있다는 말을 듣고 그곳에 유학해 독일어를 공부하기로 했다.

"먼저 독일어를 공부하고 나중에는 독일에 가서 군사학을 배울 작정이야. 문제는 당장 학교에 낼 돈이 없다는 거지."

김원봉은 고향 친구 윤세주에게 고민을 털어놓았다. 아버지가 시골에 농사지을 땅을 꽤 가지고 있다고 하나 김원봉 밑으로 동생이 아홉이나 있었다. 사정을 아는 윤세주가 한숨을 내쉬었다.

"출세하려고 가는 유학도 아닌데 아버지가 돈을 대 주시긴 힘들겠지."

"그래도 힘이 닿는 데까지 모아 보려고 해. 자는 시간까지 줄여서 일을 하면 어떻게든 되겠지."

고민이 쌓여 가던 어느 날, 김원봉 앞에 동화학교를 같이 다녔던 친구 한봉인이 찾아왔다.

"네가 덕화학당에 가려고 한다는 소식을 들었어. 이 돈은 내가 가게 점원으로 일하며 모은 건데 네가 써 주면 그동안 열심히 모은 보람이 있을 것 같아. 이걸로 유학을 떠나도록 해."

살다 보면 내가 할 용기는 없지만 그것을 해낼 사람이 보이면 그 사람에게 모든 것을 걸고 싶어질 때가 있다. 한봉인은 나라를 잃은 것에 대해 누구보다 억울했지만 어떻게 해야 할지 몰랐다. 그러다 평소에 뭐가 되도 되겠다고 여겼던 김원봉이 큰 걸음을 내딛는다는 소식을 듣고 진 재신을 걸기로 마음먹은 것이었다. 가게 점원으로 일하며 한 푼 두 푼 모은 돈을 모두 원봉에게 내밀었다. 원봉이 깜짝 놀라며 손사래를 쳤다.

"내가 이걸 어떻게 받아?"

"이 돈이 네가 하려는 일에 도움이 된다면 조국을 되찾는 일에 나도 힘을 보탠 셈이니 정말 영광일 거야. 제발 이걸 받아 줘."

김원봉의 마음에 친구의 간절함이 전해졌다. 결국 김원봉은 더 큰 책임감을 지고 중국 유학길에 올랐다. 중국 톈진의 덕화학당에 입학해 중국어와 독일어를 공부하는 데 누구보다 노력할 수 있었던 것은 그런 친구가 뒤에서 밀어주고 있었기 때문일 것이다.

하지만 학교를 졸업할 팔자가 아니었는지 덕화학당도 오래는 못 다녔다. 여름방학을 맞아 조선에 나온 사이 세계 여러 나라의 관계가 심상치 않더니 결국 1차 세계 대전이 일어났다. 독일이 이탈리아 등과 함께 동맹국을 형성하고 영국, 미국, 프랑스 등은 연합국을 형성해 서로 맞서 싸웠다. 중국은 연합국의 편을 들면서 적인 독일을 조계지에서 쫓아냈다. 당연히 독일인 학교 덕화학당도 문을 닫았고 김원봉은 더 이상 공부할 수 없게 되었다.

김좌진, 이시영 선생을 만나
싸우는 법을 배우고 의열단을 꾸리다

아무리 칼보다 펜이 강하다지만

　졸업장이 뭐가 중요하겠는가. 김원봉은 매번 학교를 그만 두게 되었지만 더 큰 수확을 얻었다. 보통학교를 같이 다닌 옆집 친구 윤세주, 동화학교에서는 한봉인, 중앙학교에서는 약수 김두전과 여성 이명건을 만났다. 그리고 중국에서는 김좌진 장군도 만났다. 김좌진 장군이 누구인가! 엄청난 부자인데 노비를 다 해방시켜 주고 논밭을 다 팔아 학교를 세우는 등 활동을 하다가 3년간 감옥 생활을 한 뒤 만주로 넘어와 대한광복회를 조직하고 북로군정서라는 독립군대의 사령관으로 취임한 사람이다. 김원봉을 만났을 무렵 북로군정서군은 일본

군 3300명을 죽이고 전투에서 크게 승리를 거둔 뒤였다. 이 전투가 바로 역사에 길이 남는 청산리전투이다. 그런 김좌진 장군을 잠깐 본 것만으로 김원봉은 닮고 싶다는 생각이 솟아올랐다.

'독립은 적에게 요구한다고 자동적으로 생기지 않지. 우리가 매달릴 것은 독립 전쟁일지 몰라!'

조국 독립의 방법으로 펜보다는 칼이 더 낫다는 생각을 하던 김원봉이었다. 그런 사람이 당대 최고의 독립군 장군 김좌진을 만났으니 말해 뭐 하겠는가. 김원봉은 다시금 마음을 다치며 친구들을 다독였다.

"학교는 얼마든지 있어. 덕화학당이 아니라면 다른 학교를 다니자."

"난징대학은 어때? 사실 독일어보다 영어가 더 필요해. 영국과 미국이 연합국을 이끌고 있고, 연합군이 아니라도 많은 나라가 영어로 소통하니까."

김원봉은 김두전과 이명건을 만나 앞으로의 일을 논의한 끝에 일본에 맞서 싸우려면 무기가 더 필요하다는 결론에 이르렀다. 그것은 외국어였다. 세 사람은 그 어렵다는 난징대학의 입학 시험을 통과하고 부지런히 공부에 열중했다.

이즈음 조선을 뒤흔드는 사건이 일어났다. 당시 독립을 위해 싸우는 방법에는 몇 가지가 있었다. 일반 백성을 교육하고 신문에 알리고 책을 펴내는 등의 계몽 활동을 통해 힘을 기르는 방법, 주요 인사를 암살하거나 일본 군대에 맞서 전투를 벌이는 무력 투쟁 방법, 전 세계 여러 나라에 일본의 잘못을 알리고 그 나라들이 일본을 압박하게 하는 외교적 방법 등이 그것이었다.

"프랑스 파리에서 강대국 대표가 모여 회의를 연답니다."

"우리의 억울한 사정을 알릴 절호의 기회입니다."

외교적 방법에 집중하던 독립운동가들이 일본을 압박할 방법을 찾았다. 세계 대전이 끝나고 전쟁에서 진 독일 등의 나라에 조치를 취하느라 세계 여러 나라가 파리에서 회의를 열었다. 독립운동가들은 이번이 기회라 생각하고 자금을 모아 외국어에 능통한 김규식을 파견했다. 김규식은 영어로 선전문을 만들어 회의에 참가하러 온 외국 인사들에게 돌렸다. 일본이 조선을 강제로 병합했고, 그것은 '한 민족은 자기 민족의 문제를 스스로 결정할 수 있어야 한다'는 민족자결주의 정신에 어긋난다는 내용을 담았다.

이런 외교적 활동이 성과를 거두려면 여기저기서 변죽을 울려 줘야 한다. 여기저기서 시끄러워야 강대국 대표에게 돌린 호소문이 읽힐 것이기 때문이다. 중국, 일본 등에서 조선 독립을 요구하는 시위가 일어났고, 그 일이 조선까지 전달되며 1919년 3월 1일 조선의 독립을 선언하며 전 국민이 거리로 뛰쳐나와 '대한 독립 만세'를 불렀다. 바로 3·1운동이다. 김원봉과 친구들은 중국에서 이 소식을 들었다. 베이징 대학의 진독수라는 교수는 이 사건을 이렇게 말했다.

> 조선의 독립운동은 위대하고 진실되며 비장하다. 중국의 일반 백성은 이것을 보고 감탄하고 흥분했으며 동시에 비참하고 괴로운 마음을 갖게 되었다. 조선의 3·1 운동이 보여 주

는 찬란함에 우리 중국인은 그렇게 하지 못한 것에 부끄러움을 느끼게 된다.

 이런 생각이 이어져 중국에서도 외국 세력에 저항하는 5·4 운동이 일어났다. 그런 움직임을 직접 눈으로 본 김원봉과 친구들은 어땠을까? 3·1운동에 대한 소식이 실린 신문을 읽고 모두 얼싸안고 감격의 눈물을 흘렸다.
 "200만이 넘는 백성이 모두 나와 독립 만세를 불렀다네."

"우리 백성이 이렇게 대단했다니!"

친구들은 너무 기뻐 울다 웃다 했다. 김원봉이 다시 물었다.

"일본이 어떻게 나왔을까?"

"우리 입장에서 세면 7500명을 넘게 죽였고, 1만 5000명 이상을 체포했다네. 일본은 훨씬 줄여 발표하겠지."

"우리는 몽둥이 하나 들지 않았는데 놈들은 총으로 무작정 쏘아 죽였단 말이지?"

조선 백성의 힘과 정신을 확인한 기쁨도 잠시 과연 그렇게

수많은 목숨을 희생해 가며 계속 싸울 수 있을까 의구심이 들었다. 김두전과 이명건이 3·1운동의 분위기를 이어 조선 안에서 독립운동을 펼쳐야 한다고 주장했지만 김원봉의 생각은 달랐다.

"3·1운동처럼 비폭력으로 맞서는 것은 한 번이면 족하다고 생각하네. 그렇게 해 봐야 무고한 백성만 죽어 나갈

뿐이야. 눈에는 눈, 이에는 이로 맞서야 하네."

"그렇지만 국내에서 계속 운동을 펼치자며 동지들이 손을 내밀고 있네. 우린 돌아가야 해."

김원봉은 친구들에게 자신의 결심을 밝혔다.

"나는 여기 중국에 남겠네. 사격이든 폭탄 제조술이든 군사 기술을 익혀 무력 투쟁을 해 나갈 것일세."

"그럼 우리는 돌아가 그곳 동지들과 힘을 합쳐 싸우겠네."

그렇게 해서 김원봉과 친구들은 각자가 필요한 곳에서 계속 싸워 나가기로 하고 헤어졌다. 김원봉의 본격적인 중국 생활이 시작되었다.

조선 청년들의 학교, 신흥무관학교

그러니까 약수, 여성과 다니던 난징대학도 결국 도중에 그만둔 셈이다. 뛰어난 능력을 갖춘 학생만 뽑는 학교에 어렵게 들어갔는데 그만두자니 아까웠다. 하지만 세상은 넓고 학교는 많다. 이번에는 정말 특별한 학교가 기다리고 있었다. 바로 조선의 독립 투사를 기르고 훈련시키는 신흥무관학교였다.

칼춤 추고 말을 타 몸을 단련시키고
새로운 지식 높은 인격 정신을 길러
썩어지는 우리 민족 이끌어 내어 새 나라 세울 이 누구인가
우리 우리 배달 나라의 우리 우리 청년들이라
두팔 들고 고함쳐 노래하여라 자유의
깃발이 떴다

신흥무관학교 교가 3절이다. 신흥무관학교는 우당 이시영 선생이 세운 학교이다. 조선 최고의 부호였던 이시영 선생은 나라가 망하자 오늘날로 치면 600억이 넘는 재산을 모두 처분하여 일가족 50명을 이끌고 압록강을 넘었다. 일본의 눈을

피해 독립운동을 펼치기 위해서였다. 그 재산으로 조선의 독립군을 키우는 무관학교를 세웠는데, 그것이 바로 신흥무관학교였다. 무관학교는 얼마 되지 않아 2000명이 넘는 졸업생을 배출했고 이 졸업생들이 나중에 독립운동을 이끌었다.

"김좌진 선생의 소개로 왔습니다."

"잘 왔네. 난징대학을 다녔을 정도로 인재이니 여기서도 잘해낼 걸세. 우리 학교는 건물은 있지만 학생 모두가 입고 먹기는 힘들다네. 그래서 모두 농사를 지어 먹을 것을 직접 구해야 하네."

무관학교 교장 이시영 선생이 김원봉을 반기며 설명했다.

"농사를 짓는 시간 외에는 정규 수업을 받아야 하네. 총 다루기, 체력 기르기 외에 기본 교양 수업도 받아야 하네."

김원봉은 늘 그렇듯 이곳에서도 모든 과정을 충실히 따라갔다. 교사와 학생 모두 김원봉이 해내는 것을 보고 존경어린 시선을 보냈다.

"저 친구는 말 한마디 없이 한쪽에 서 있는 것 같은데 시험을 보면 늘 앞서간단 말이야."

"그래서 호가 약산이라네. 산처럼 그 자리에 버티고 서 있지만 넘어서기는 쉽지 않지."

그리운 친구도 만났다. 바로 중국 유학을 도와준 동화학교 시절의 친구 한봉인이다. 한봉인은 3·1운동 후 결국 직접 독립운동에 뛰어들기로 하고 만주로 건너왔다. 한봉인 외에도 조선 독립을 위해 힘을 기르고 싸워 온 내로라하는 청년들이 많았다. 김원봉은 이들과 우정을 쌓으며 앞으로 해 나갈 독립 투쟁의 동지를 얻었다.

"정식 육군사관학교 출신도 있고 유명 대학 출신도 있는 저 무리 안에서 이상하게 김원봉이 제일 눈에 띄네."

신흥무관학교의 교장 이시영은 물론 다른 교사들도 김원봉을 눈여겨봤다. 매일 농사일을 하면서 산을 오르고 들판을 뛰는 훈련을 빼곡하게 해내느라 시간이 부족할 텐데도 어느새 동료들의 신임을 얻어 동료들을 몰고 다녔다. 그래서 큰일이 일어났을 때 무관학교 교사들을 곤란하게 했다.

큰일이란 무관학교에 말을 타고 다니며 재물을 빼앗는 도적 마적떼가 습격한 일을 말한다. 신흥무관학교는 군사를 훈련하는 학교이지만 자금 부족으로 수업용 총 말고는 가진 게 없었다. 그래서 만주 벌판을 휩쓸며 정식 군대와 맞서도 밀리지 않는 마적떼가 습격해 왔을 때 막을 방법이 없었다. 학교는 훈련에 필요한 무기와 얼마 없는 곡식을 모두 도둑맞았다. 김원봉은 당분간 다시 학습하고 훈련하기는 힘들지 않을까 생각했다. 또 더 가난해진 학교에서 하나라도 입을 덜어야겠다는 생각이 들어, 교장 선생님을 만나 자신의 생각을 밝혔다.

"여기서 그만두어야겠습니다. 학교를 나가더라도 여기서 배운 대로 실천하고 행동하겠습니다."

"당분간 제대로 훈련이 되지 않을 테니 자네에게는 괜히 시간만 보내는 셈이 되겠지. 자네를 믿고 따르는 생도들이 따라 나가려고 할 걸세. 하지만 그 친구들은 더 배우고 훈련을 해야 하네. 나중에 적당한 자리에 배치시킬 테니 부디 자네 혼자 나가도록 하게."

아무리 먹을 게 없다지만 학생이 우르르 나가면 학교로서는 난감한 일이었다. 김원봉은 친구들을 설득해 학교에 남겨두고 자신만 나왔다. 다시 한 번 학교를 그만두었지만 교장 선생님과 친구들을 생각하면 여기서도 역시 얻은 것이 많았다.

천하의 일을 맹렬하게 해내겠어

다시 학교를 나와 길림으로 간 스물두 살의 김원봉은 이제 자신이 생각한 방식으로 독립 투쟁을 하기로 했다. 상하이에 이미 대한민국 임시정부가 있었다. 그 외에 여러 조직이 중국 여기저기에서 각자 독립운동을 펼치고 있었다.

'조직은 많지만 좀 더 맹렬하고 강력하게 싸울 조직이 필요

해. 존재만으로 일본을 벌벌 떨게 할.'

어느 정도 마음의 준비를 마칠 즈음, 고향 친구 윤세주, 한봉인을 비롯해 신흥무관학교를 마친 친구들이 김원봉을 찾아왔다. 김원봉은 이들과 밤을 새워 가며 어떻게 조직을 만들어 싸울지 토론했다. 중국인의 작은 방 하나를 빌려 열세 명이 모였다. 여러 날을 토론한 결과 강력한 투쟁 조직이 만들어졌다. 조직의 이름은 맹렬하게 실행하는 조직이라는 뜻에서 '의열단'이었고, 의열단의 원칙과 활동이 무엇인지에 대해 규약을 정했다.

　　○ 천하의 정의로운 일을 맹렬하게 실행하기로 한다.
　　○ 조선의 독립과 세계 평등을 위해 목숨을 바치기로 한다.
　　○ 충성과 의리, 희생 정신이 뚜렷한 사람을 단원으로 삼는다.

이 외에도 일곱 가지 조약이 더 있었다. 의열단을 이끌 사람을 '의백'이라고 부른다는 조항도 포함되어 있었다. 의백 이하 의열단 조직원의 목표는 뚜렷했다. 일곱 가지는 죽이고 다섯 가지는 파괴하는 것. 김원봉이 다시 한 번 다짐했다.

"우리에겐 5파괴 7가살이 있다. 조선 총독부와 동양척식 회사, 그리고 각 경찰서와 일본의 주요 기관 등이 파괴해야 할 다섯 가지이다. 그리고 조선 총독과 높은 관리, 매국노와 친일파 우두머리, 일본군 밀정 등이 죽여야 할 일곱 가지이다. 모두 명심하라, 이외 죄 없는 사람이 죽거나 다치게 해서는 절대 안 된다!"

당연히 의열단의 의백은 김원봉이었다. 의열단은 목표를 이루기 위해 훈련했다. 칼 다루는 선수를 모셔 칼 다루기를 배웠고, 사격술을 갈고닦았다. 암살이나 파괴 후 재빨리 도망치기 위해 산을 오르내리며 체력을 키웠다.

특이한 것은 의열단원은 늘 깔끔한 양복을 입고 단정하게 다녔다는 것이다. 늘 깨끗한 몸을 하고 정해진 대로 움직였다. 언제 목숨을 내놓아야 할지 모르기 때문에 항상 긴장감을 가지고 있었다. 김원봉은 단원에게 강조했다.

"무엇보다 변신술을 갈고닦아야 합니다."

"맞습니다. 일을 실행하기도 전에 발각되면 큰일이니까요."

이렇게 갈고닦은 끝에 실제로 거사를 일으킬 때를 제외하고는 일본의 눈을 피해 도망 다니면서도 한 번도 잡히지 않을 수 있었다.

한 가지 더 훈련한 것이 있었는데, 폭탄 제조술이었다. 폭탄은 돈이 많이 드는 무기였다. 신흥무관학교에서 폭탄 만드는 법을 배웠지만 재료가 없어 만들 수가 없었다. 다행히 도산 안창호 선생이 사정을 알고 거금 2000원 가량의 약품과 폭탄피 만드는 기구 등을 구해 주었다. 단원들은 폭탄 다루는 법도 따로 훈련했다. 그동안 갈고닦은 기술을 시도할 날이 시시각각 다가왔다.

일본의 간담을 서늘하게 만들어라

　1920년 9월 의열단 박재혁은 의백 김원봉과 의열단 단원이 함께 계획한 일을 실행하기 위해 부산에 숨어들었다. 김원봉은 박재혁에게 당부했다.

　"부산 경찰서의 우두머리 하시모토는 우리 부산 백성을 가장 악랄하게 괴롭히는 자다. 죽기 전 그놈에게 자신의 죄가 무엇인지 알게 하는 것도 잊지 말아야 한다."

부산경찰서 서장은 오래된 책만 보면 껌뻑 죽는 옛날책 수집광이었다. 박재혁은 고서적 장사꾼으로 변장해 하시모토 서장이 흥미를 가질 만한 책이 있음을 내비쳤다. 서장은 박재혁을 만나 보고자 했다.

서장을 만나러 가는 길에 함께 온 의열단 단원 최천택이 비장한 표정으로 박재혁의 손을 쥐고 흔들었다.

"반드시 성공하게. 우리 조선 사람이 순순히 당하고만 있지 않을 거란 걸 놈들에게 똑똑히 알려 주세나."

박재혁은 김원봉에게 받은 폭탄 하나를 깊숙이 숨기고 부산 경찰서로 들어섰다. 최천택은 만약을 대비해 경찰서 밖에서 지켜보았다. 박재혁은 안경을 고쳐 쓰고 경찰서 문을 지키고 있던 일본인에게 다가가 서장을 보러 왔다고 했다. 2층으로 안내된 박재혁은 드디어 하시모토의 얼굴을 보았다. 손에 땀이 배어 나왔다.

'폭탄이 젖으면 큰일인데……'

박재혁은 손바닥을 문질러 닦으며 주변을 둘러보았다. 가져온 책을 꺼내 보여 주는데 지키고 서 있던 서장의 부하들이

밖으로 나갔다. 바로 그때였다. 박재혁이 책 사이에 숨긴 폭탄을 꺼내 들었다.

"하시모토, 네놈은 조선 백성을 개보다 못하게 취급하며 함부로 죽이고 괴롭혔다. 죽어 간 조선인을 대신해 네놈의 목숨을 가져가겠다!"

박재혁의 팔이 크게 한 바퀴 돌았다. 이어 커다란 폭발음이 들렸다. 콰광! 박재혁은 죽어 가는 서장의 얼굴을 돌아보았다. 하시모토 서장은 죽어 가면서 얼굴을 일그러뜨렸고 금방 숨이 끊어졌다. 안타깝게도 폭탄 파편 하나가 박재혁의 다리에 박혔다. 걷지 못하게 된 박재혁은 폭발음을 듣고 달려온 형사들에 의해 그 자리에서 체포되었다.

'어차피 탈출은 생각하지 않았다. 경찰서 안에서 폭탄을 던지고 무사히 빠져나간다는 것은 애초에 불가능한 일이지.'

사실 다들 알고 있었다. 적을 응징하면서 자신은 무사할 것을 기대하지 않았다. 목숨을 내놓고 하는 일이었다. 박재혁은 고문이 계속되어도 오로지 혼자 계획하고 실행했다는 말만 반복했다. 결국 사형을 선고받았다. 하지만 일본놈 손에 죽을 수 없다는 생각에 아무것도 먹지 않았고, 결국 단식 끝에 죽음을 맞이했다.

　부산 경찰서장이 조선 사람 손에 죽었다는 소문은 금방 퍼져 나갔다.

　"지옥의 야차 같은 일본놈 헌병과 형사 소굴에 폭탄을 던지다니 대단해!"

　"우리 조선 사람의 정신이 아직 살아 있어! 우리에게 함부로 하면 안 된다는 것을 놈들에게 똑똑히 알려 줬다고."

　소식을 들은 조선 사람들은 가슴에 뜨거운 것이 올라와 두세 명만 모여도 이

사건을 이야기하느라 시간 가는 줄 몰랐다.

얼마 뒤 더 좋은 소식이 전해졌다. 조선 사람이 가장 좋아할 소식이었다.

"김익상이 조선총독부에 폭탄을 던져 성공했다는 소식 들었나? 하나는 불발이었으나 다른 하나는 성공적으로 터져서 건물 일부가 상했다네."

"그놈들이 얼마나 놀랐을까? 내 속이 다 시원하네요."

의열단의 이름이 슬슬 일본의 신경을 건드렸다. 당시 일본은 수천 명의 밀정을 뽑아 독립군을 잡아들이고 있었

45

다. 밀정은 조선 땅에도 있었고, 중국 본토와 만주 벌판에도 있었다. 밀정은 의열단에 대해 조사하고 그 뿌리를 찾느라 바빴다. 그리고 일본 관리와 친일파들은 언제 폭탄이나 총탄을 맞을지 몰라 벌벌 떨게 되었다.

"의열단이 무엇이오?"

"의열단은 폭력으로 우리와 맞서는 불량 단체요. 길림에 있는 한두 명일 수도 있고 중국에 있는 모든 조선인일 수도 있소. 그 조직은 오로지 김원봉이란 자 혼자 만들고 이끄는 곳이니 그자를 찾아야 하오!"

시간이 갈수록 김원봉이란 이름 때문에 잠들지 못하는 일본인이 늘었다.

신채호 선생을 만나
의열단의 정신적 옷을 얻다

계속되는 불운에 흔들리다

    상하이의 황포탄이라는 곳에 어마어마한 일본의 거물이 온다는 소식이 김원봉의 귀에 들어왔다.

  "일본 육군 대장이 온다고 하오. 이자를 사살해 온 조선인이 독립을 원한다는 사실을 세계에 알리는 기회로 삼아야 합니다."

    김원봉은 단원들과 계획을 짰다. 김원봉은 늘 직접 나서고자 했지만 의백이 살아야 의열단이 계속 싸움을 할 수 있기 때문에 단원들이 말리곤 했다. 이번에도 세 명의 단원이 나섰다. 사격의 일인자 오성륜, 조선총독부 폭발에 성공한 적이 있는 김익상, 그리고 이종암이었다.

정해진 날 황포탄으로 향하는 세 사람의 얼굴은 굳어 있었다. 드디어 행렬이 시작되고 일본군에 휩싸여 일본 대장이 등장했다. 사람들이 웅성거리는 사이 오성륜이 총탄을 발사했다. 바로 그때였다. 하필 근처에 서 있던 서양 여성의 모자가 벗겨져 바람에 날렸다. 모자를 잡으려는 부인이 일본 대장의

몸을 가렸고 총탄은 부인의 몸에 박혔다. 황급히 도망치는 일본 대장에게 2차로 김익상이 총을 쏘았지만 자동차만 부서졌다. 마지막으로 이종암이 폭탄을 던졌지만 이마저도 성공하지 못했다. 그 자리에서 오성륜과 김익상은 잡히고 이종암만 도망쳤다. 김원봉은 기가 막혔다.

'운이 없어도 이렇게 없을 수가!'

다행히 오성륜은 구치소에서 탈옥했다. 은밀히 날아든 오

성륜의 편지를 받고 김원봉은 죽을힘을 다해 필요한 물품과 돈을 전달했다. 김익상은 이전에 조선총독부에도 폭탄을 던졌던 것이 밝혀져 사형을 당했다. 김원봉이 깊은 슬픔에 빠져 있을 때 조소앙 선생의 발표가 위로가 되었다. 대한민국 임시정부의 외무총장인 조소앙은 일본과 전 세계에 선언했다.

오늘 김익상 하나가 죽지만 이로써 제 2, 제 3의 김익상은 계속 나올 것이다!

이 소식을 듣고 자극을 받은 것은 조선 사람뿐 아니었다. 중국에서 일어난 사건이기에 중국 사람들에게도 강한 인상을 남겼다. 중국 사람들은 아무리 짓밟아도 끊임없이 일어나는 조선 사람들에게 놀라면서도 존경심을 느꼈다. 중국 신문은 이 사건을 대대적으로 보도했다.

하지만 분명히 실패를 한 싸움이었다. 여러 번 시도했지만 완벽한 성공을 이룬 것은 많지 않았다. 거기에 죄 없는 서양 여성을 죽게 한 것에 대한 비난도 있었다. 의열단이 아닌 다른 독립운동가들에게도 폭력으로 독립을 이룰 수 있냐는 소리를 들어야 했다.

'우리 싸움에 성공 횟수가 많지 않고, 주변의 비난에 휘둘리곤 하는 것은 우리만의 확실한 원칙과 우리가 누구인지 세상 사람에게 설명할 말이 없었기 때문이다.'

사람이든 조직이든 나라든 '○○는 어떤 사람이다, ○○는 어떤 조직이다.' 하고 모두에게 내세울 뭔가가 있어야 흔들림 없이 자신의 목표를 향해 나아갈 수 있다. 김원봉은 스스로와 다른 단체와 다른 나라가 인정할 수 있는 의열단만의 특징, 의열단의 옷을 만들어 낼 필요가 있다고 생각했다.

신채호 선생이 제대로 된 의열단의 옷을 입혀 주다

김원봉은 신채호 선생을 떠올렸다. 단재 신채호는 김원봉보다 열여덟 살이 많았는데 당시 조선 독립투사들의 정신적 지주였다. 일찍이 성균관 박사를 지냈고 여러 신문사에서 일본에 맞서 펜으로 싸우다 국권침탈 이후 러시아를 거쳐 중국

　에서 독립운동을 펼쳤다. 특히 신문을 내고 역사를 연구하여 조선 사람이 얼마나 강인하고 끈질긴 민족인지 알리는 것으로 일본의 심기를 건드려 왔다.
　김원봉은 베이징에 있는 신채호 선생을 찾아갔다. 신채호 선생은 역사책을 쓰는 중이었다.
　"나는 독립운동을 한답시고 말만 앞세우는 자들은 딱 질색이네. 목숨을 바쳐 조국을 위해 싸우는 자네들을 위해 내가 무엇인들 못하겠는가."
　신채호 선생은 나중에 상하이로 김원봉을 찾아와 글을 써 주기로 약속했다. 약속한 날 김원봉을 방문한 신채호 선생은 일단 폭탄 만드는 것을 보고 싶어 했다. 아무 말 없이 폭탄이 어떻게 만들어지는지 지켜보며 무력으로 싸워야 하는 이유를 머릿속에 그렸다. 그리하여 탄생한 것이 '조선혁명선언'이다. 1장 앞부분에서는 의열단이 왜 생겨나 목숨을 바쳐 가며 활동하는지를 알리고 있다.

> 일본이 강도짓을 하여 우리나라의 이름을 없애고 우리 민족의 권리를 빼앗으며 우리 민족이 살아갈 모든 기반을 다 훔쳐갔다. (중략) 이상의 사실에 따라 우리는 일본의 강도질과 같은 정치 곧 다른 민족이 다스리는 행위가 우리 조선 민족이 살아남는 데 최대의 장애임을 선언하며 동시에 우리는 모든 수단을 통해 우리의 적인 강도 일본을 죽여 없애는 것이 우리의 정당한 수단임을 선언하노라.

신채호 선생이 만들었다는 사실만으로도 조선 사람들은 이 선언문을 돌려보았다. 모두가 읽으며 감탄했고, 왜 눈에는 눈, 이에는 이로 맞서 싸워야 하는지 토론했다. 사람들은 의열단이라는 무력 단체가 일본을 괴롭힌다는 소리는 들었지만 왜, 어떻게 싸우는지 구체적으로 몰랐다. 그러다 책으로 만들어진 정돈된 이유와 방법을 보고 막상 떨치고 일어나지 못하는 자신들을 반성하며 익숙해져 가는 식민지 상황에 대해 다시 한 번 분노하게 되었다.

'조선혁명선언'은 총 5장으로 이루어져 있다. 1장에서는 일제가 한민족이 살아가는 데 최고의 적임을 설명한다. 2장에서는 이런 강도들에게 타협하거나 빌붙어 사는 자가 있다면 의열단의 적이 된다고 선언했다. 3장에서는 지금까지 외교론이나 준비론 등의 독립투쟁 방식을 버리고 오로지 직접 몸을 부딪혀 싸운다고 밝혔다. 4장에서는 십만 명이 들고 일어나 봐야 한 번 총으로 쏘는 것만 못하며 억이 넘는 신문을 내는 것이 한 번 들고 일어나는 것만 못하다고 주장했다. 5장에서는 다른 민족이 다스리는 것, 특권계급이 있는 것, 경제를 약탈하는 것, 골고루 살지 못하는 것, 식민지에 젖어 노예처럼 사는 것을 파괴하고 새로운 조선을 건설하자고 주장했다. 마지막 선언이 모든 내용을 정리하고 있다.

민중은 우리 혁명의 큰 본진이고
폭력은 우리 혁명의 유일한 무기다.
우리는 민중 속에서 민중과 손을 잡고 끊임없이 공격하여,
강도 같은 일본의 통치를 부수고,
우리 삶의 불합리한 것을 고치고,
한 종족이 다른 종족을 억누르지 못하고,
한 사회가 다른 사회를 깨부수지 못하는,
이상적인 조선을 건설할지니라.

여기서 폭력은 평화의 반대말이 아니다. 몽둥이로 때리고 칼로 찌르는 자들에게 말로 설득하고, 주변 사람을 시켜 말리는 것은 통하지 않으니 같은 방법으로 싸울 수밖에

없다는 뜻이었다. 이렇게 주장을 정돈하고 나서야 의열단의 활동이 폭력적이라느니 비인간적이라느니 하는 일본의 거짓 선동에 휘둘리지 않게 되었다. 의열단 단원들 스스로도 자신들이 무슨 일을 하는지 뚜렷이 알고 행동하게 되었다.

일본의 눈엣가시, 갈수록 커지다

의열단의 선언이 모두에게 알려졌다. 망설이고 있던 사람들도 독립운동을 하고자 고향을 떠나거나 자금을 모았다. 의열단의 정신에 감동한 청년들이 찾아왔다.

"의열단이 되고 싶어 왔습니다. 제발 저도 함께하게 해 주십시오!"

"의열단이 되려면 이미 의열단원인 세 사람의 보증이 있어야 하네."

"여기 보증하는 편지입니다."

김원봉은 청년들을 꼼꼼히 살펴보았다. 능력도 능력이지만 진짜 목숨을 내놓을 정도의 의지가 있어야 한다. 머나먼 중국까지 물어물어 찾아올 정도면 보통은 아니었다. 대부분의 청년은 의열단원으로 받아들여졌다.

"목숨을 바쳐 따르겠습니다, 의백."

의열단원은 김원봉을 맏이라는 뜻의 '백(伯)'을 써서 '의백'이라고 불렀다. 의열단 모두가 한 형제로, 동등한 관계이고 그중 대표는 그저 맏형일 뿐이었다. 그래서인지 폭탄 의거를 할 때면 서로 하겠다고 나섰다. 서로 목숨을 내놓겠다는 뜻이었다.

의열단의 싸움은 계속 이어졌다. 김원봉이 파견한 김상옥은 일본 순사 수백 명과 싸우다 죽기도 했다. 종로 경찰서를 파괴하려고 숨어든 김상옥은 폭탄이 국내로 도착하기를 기다리며 시간을 끌었는데 누군가 눈치채고 밀고를 해 버렸다. 의열단은 워낙에 귀신처럼 나타났다 사라지는 통에 일본 측은 잔뜩 긴장했다. 기마대와 헌병대 수백 명이 김상옥이 숨어 있던 집을 에워쌌다. 잽싸게 빠져나온 김상옥은 쫓기며 총격을 벌여 열 명이 넘는 일본 경찰을 죽였다. 총탄이 떨어져 갔다. 마지막 한 발은 자신의 가슴에 겨누었다. 김상옥은 목숨이 끊어지는 순간까지 외쳤다.

"대한 독립 만세! 의열단 만세!"

김원봉은 이 소식을 듣고 다시 한 번 슬픔에 빠졌다.

"밀정의 밀고로 수백 명이 에워싸는 통에 피하지 못했다고 합니다."

"어릴 때부터 대장장이 일을 하며 체력을 단련한 분이 그리 쉽게 당했단 말이오?"

"그런 체력이었기에 천 명 가까운 순사가 에워쌌는데도 포위망을 뚫고 수많은 지붕 위를 넘나들 수 있었겠지요. 나중에는 산 위로 도망쳤고 결국 수많은 순사와 총격전이 벌어졌는

데 일본 측이 얼마나 진땀을 뺐는지 모른다고 합니다."

　의열단의 활동이 거세지자 일본은 의백 김원봉에게 총구를 겨누었다. 모든 밀정을 가동하여 김원봉을 체포하기로 했다. 암살하려고 접근한 밀정을 잡은 것도 여러 번이고 밀정에게 공격을 받았다가 극적으로 빠져나오기도 했다. 김원봉은 열 개가 넘는 이름을 돌려 가며 썼다. 변장을 하고 다녔고, 의열단 동료의 숙소 네다섯 군데를 돌아 가며 썼다. 베이징에 일본의 손이 뻗히면 상하이로 옮겼고, 상하이로 뻗히면 다시 베이징으로 갔다. 귀신처럼 나타났다 사라지는 김원봉을 잡지 못해 일본은 약이 오를 대로 올랐다.

존재만으로 힘이 되는 조선의 정신, 의열단

조선 사람은 의열단을 영웅처럼 여기게 되었다. 조선 사람을 짓밟고 때린 일본놈들에게 복수를 해 주는 것 같아 시원함을 느꼈다. 일본 관리들은 언제 공격받을지 몰라 밤잠을 설치는 날들이 점점 길어졌다. 직접 싸우고자 중국으로 넘어오는 조선 청년이 늘어나는 것도 당연했다.

이미 활동 중이던 독립운동가들도 의열단을 찾아왔다. 당시 중국에는 조선 독립을 위해 여러 방향의 움직임이 있었다. 그런데 서로 어떻게 싸울지를 두고 다투기만 할 뿐 시원하게 나아가지 못했다. 임시정부의 태도에 실망한 사람들이 의열단이 되겠다며 찾아와 김원봉의 소매를 붙들고 하소연했다.

"임시정부는 강대국의 눈치를 보느라 의열단의 의거가 폭력적이라며 자신들의 책임이 아니라고 피하기 일쑤입니다."

"우리는 그런 움직임에 얼마나 실망했는지 모릅니다."

일본의 당시 보고서에 의하면 의열단의 단원이 1000명이 넘었다고 한다. 이 보고가 좀 과장되었다 쳐도 수백 명 이상은 되었을 것이다. 더불어 의열단 활동을 위한 자금도 충분히 모였다. 덕분에 더 자주 사격 훈련을 할 수 있었고 뛰어난 폭탄 제조가를 외국에서 데려오기도 했다.

김원봉은 일본에 빌붙어 조선 사람을 못살게 구는 친일파에게 뿌릴 글을 만들었다.

> 조선총독부 소속 사람들이여! 자네들은 옛 선조부터 지금까지 누구도 부정할 수 없는 한국의 민족이다. 혹시 먹고 살기 위해 혹은 가족을 위해 강도 일본을 위해 일한다고 해도 그들이 우리 민족의 원수임을 알 것이다. 우리의 운동은 강도 일본의 총독정치를 파괴하고 우리 민족을 구하려고 함이니 이를 안다면 우리를 방해하지 말라. 우리를 방해하려는 자가 있다면 우리는 용서하지 않을 것이다.
>
> － 4256년 1월 의열단

이 글은 수백 장이 인쇄되어 폭탄과 함께 조선 땅으로 들어갔다.

의열단은 끊임없이 일본의 심장부에 폭탄을 던졌다. 무기를 한반도에 들여와 폭동을 계획했고, 핵심 독립운동가에게 접근하여 정보를 빼냈던 조선총독부의 밀정 김달하를 처단하

기도 했다.

장비가 허술하고 자금이 부족해 안타깝게 불발된 일도 많았다. 일본 국왕이 사는 궁을 공격했을 때의 일이다. 이 거사는 관동대학살의 복수를 위해 벌였다. 1923년 일본 관동 지역에 큰 지진이 일어나 사람들이 엄청나게 죽거나 다쳤다. 지진으로 사회가 혼란해지자 일본은 이 기회를 일본에 맞서는 조선인을 없애는 데 쓰기로 했다.

"일본에 사는 조선인이 우물에 독을 풀고, 일본인 집에 불을 지른대."

괴소문을 퍼져 나갔다. 일본 군인과 경찰은 물론이고 일반 사람들도 떼를 지어 다니며 조선 사람을 골라내 죽였다.

"따라해 봐. 쥬고엔 고쥬센."

"주……."

"발음이 이상해. 분명히 조센징이야!"

가장 어려운 발음을 시켜서 못하면 조선 사람으로 보고 바로 죽였다. 길 가다가, 집에 숨어 있다가, 조선인이라는 이유로 잔인하게 죽임을 당했다. 이것을 관동대학살이라고 부른다. 이때 죽은 사람이 공식적으로 6600명이었다. 정말 많은 사람이 죽었다.

의열단은 죄 없이 죽어 간 조선 사람의 영혼을 위로하고 일본에게 경고를 하기 위해 일본 국왕의 궁성에 폭탄을 던지기로 했다. 김원봉은 김지섭을 보냈다. 궁성 근처에서 궁을 향해 여러 번 시도했음에도 폭탄은 터지지 않고 김지섭은 붙잡히고 말았다. 하지만 일본의 심장부까지 침투해 폭파 시도를 했다는 사실은 일본의 간담을 서늘하게 만들었다.

조선 독립을 위한 군대를 만들기 위해 중국 지도자들을 만나다

중국도 분명히 일본의 공격을 받을 것이다

　이후로 조선 땅에서 벌인 싸움은 제대로 되지 않았다. 밀정 수천 명의 손을 피할 길이 없었다. 몽골 지역 등에서도 조선 청년 수백 명이 의열단에 지원해 따로 훈련을 했는데 돈이 없었다. 자금을 마련하기 위해 국내로 열한 명의 의열단원이 들어갔지만 성과도 없이 몇 명의 단원은 붙잡히고 말았다.

　자금도 바닥나고 핵심 단원도 얼마 남지 않은 상태였지만 김원봉은 포기하지 않았다. 며칠째 굶고 숨어 다니며 길거리에서 자기도 했는데, 그 와중에도 의열단이 왜 힘을 잃었는지 고민했다.

'중국과 협력해야 합니다.'

자금을 구하기 위해 고국 땅으로 떠나며 이종암이 말했다. 이종암은 붙잡혀 돌아오지 못했다. 하지만 김원봉은 이종암의 말을 새기고 또 새기며 고민했다.

"일본은 결국 중국 본토까지 마수를 뻗힐 것이다. 중국도 그걸 알고 우리와 협력하게 될 것이다. 우리 힘만으로는 버겁지만 중국과 협력하면 얼마든지 승산이 있다."

머지않아 조직원 몇 명이 아니라 군대의 움직임이 필요할 것을 계산한 김원봉은 군인으로 변해야겠다는 결정을 내렸다. 중국에서 활동 중인 유력한 독립운동가들의 소개로 한 사람을 만났다. 바로 중화민국의 대총통이자 근대 중국의 아버지 쑨원이다. 쑨원은 김원봉에게 이렇게 제안했다.

"내가 충고를 한마디 하자면 좀 더 체계적인 군사적 지식과 능력을 키워 보라는 것이오. 지금까지는 그냥 무장투쟁가의 능력을 키웠다면 이제 정식 군인의 능력을 키워야 합니다. 그대가 원한다면 내가 세운 황푸군관학교에 입학하도록 조치를 취하겠소."

쑨원의 소개가 있자 황푸군관학교 교장 장제스가 입학을 허가해 주었다. 황푸군관학교는 중국 최초의 근대식 군인 간부를 교육하는 학교였다. 군대를 지휘하는 데 필요한 군사 배치, 지형 파악, 성 쌓기, 무기 조작과 제작 등 수많은 교육을 실시했다. 물론 아무에게나 하는 것이 아니라 간부가 될 인재에게만 허락되었다.

29세의 나이에 김원봉은 평생 처음으로 졸업까지 마칠 학교에 입학했다. 의열단의 남은 단원들과 함께 입학한 이 학교

에서 김원봉은 군인 간부로서 어떻게 일반 군인을 이끌고 싸울지 배웠다. 그간 수많은 훈련을 하고 전투 기술을 배웠지만 이렇게 체계적으로 배운 것은 처음이었다.

"의열단 단원이 하나같이 우수한 성적으로 졸업하였소."

김원봉은 흐뭇했다. 특히 김원봉과 몇몇 단원은 뛰어난 성적 탓에 바로 다시 학생을 가르치는 교관이 되었다. 더 많은 의열단원이 군관학교에서 수준 높은 군인으로서 다시 태어났다. 의열단은 점점 겉껍질을 벗고 다른 모양을 갖춰 나가기 시작했다.

이 학교에서 얻은 더 큰 성과는 장차 중국 군대에서 중요한 역할을 할 사람들과 인연을 맺었다는 것이었다. 황푸군관학교의 교장 장제스는 얼마 뒤 중국을 이끄는 국민당 정부의 주석이자 혁명군 총사령관이 되었고, 군관학교 동기들은 중국 군사위원회의 중요 인사가 되었다. 이 인연으로 인해 나중에 중국에서 활동을 벌일 때 계속 도움을 받게 된다. 이번에도 학교는 김원봉에게 큰 자산이 되었다.

정의를 향한 맹렬한 싸움, 그 마지막

그 와중에 의열단의 마지막 거사가 치러졌다. 동양척식주식회사 폭파 사건이다. 나석주는 신흥무관학교를 졸업하고 중국의 또 다른 군관학교인 한무군관학교까지 졸업했다. 중국군의 장교로 일하다 백범 김구 선생의 경호관을 지냈다. 그러다 좀 더 적극적인 싸움에 자신의 경험을 쓰기로 마음먹고 가장 맹렬하게 싸우는 의열단을 찾아 가입했다.

당시 조선 사람은 동양척식주식회사의 농간에 농사짓던 땅을 빼앗기거나 빌려 쓰는 땅의 소작료가 너무 올라 등골이 빠질 지경이었다. 조선 사람이 굶어 죽어 갈 때 조선 땅에서 나온 돈은 모두 일본으로 넘어갔다. 의열단은 동양척식주식회사에 폭탄을 던져 그들이 얼마나 악질인지 알려 줄 필요가 있다고 생각했다.

이때 나석주가 나섰다.

"제가 반드시 성공하겠습니다."

1926년 12월 26일 인천항을 통해 나석주가 조선 땅으로 들어갔다. 그리고 이틀 뒤, 1차로 식산은행에 들어가 폭탄을 던졌다. 폭탄은 터지지 않았다.

'폭탄이 얼마 남지 않아 시험하지 못했는데 녹이 슬어 있었던가…….'

다시 동양척식주식회사로 달려간 나석주는 1층에서 막아서는 일본인 관리를 향해 총을 쏘았다. 그리고 2층으로 올라가 다시 일본인들과 총격전을 벌였다. 마지막 남은 폭탄을 던졌지만 이것도 터지지 않았다.

중국과 조선을 넘나들고 자금을 모으느라 일본의 눈을 피해 조선 부자들의 집을 수십 차례 넘나들던 나석주였다. 나석주는 삼엄한 일본군의 포위를 뚫고 지금의 을지로 쪽으로 도망쳤다. 도망치면서 총격전을 벌여 일본 경감 등을 사살했다.

하지만 적이 너무 많이 몰려왔다. 더 이상 감당하기 힘들다고 판단한 나석주는 붙잡혀 고문을 당하느니 자결하는 쪽을 택했다.

"나는 조국의 자유를 위해 싸웠다. 2천만 조선 백성이어 쉬지 말고 떨쳐 일어나 싸우자!"

나석주는 마지막 말을 남기고 자신의 가슴에 세 발의 총을 쏘았다. 일본은 이 사건으로 얼마나 충격을 받았던지 쉬쉬하다가 보름쯤 뒤에야 신문에 알렸다.

한낮에 갑자기 터진 초유의 대사건

동양척식주식회사와 조선식산은행에 폭탄을 던지고 권총을 마구 쏘아 일곱 명이 당하다. 12월 28일 비극적인 사건. 탈출한 범인은 길 위에서 자살.

일본은 의열단에 치명타를 얻어맞고 얼어붙었다. 이후 모든 힘을 기울여 의열단의 뒤를 쫓았다. 어찌나 죽일 듯이 뒤지고 잡아냈는지 의열단의 연락망이 끊겼다. 그 때문에 김원봉이 나석주의 죽음을 알게 된 것은 한참 뒤였다. 중국 땅 광저우에서 나석주를 기리는 의식을 치르며, 나석주가 죽기 전 외친 말을 반드시 이루자고 다짐했다. 그리고 늘 하던 말을 되새겼다.

"조국의 독립은 그냥 얻어지는 것이 아니라 우리의 힘과 피로 얻어지는 것이다."

몇 명의 무장 조직보다는 군대가 필요해

"의열단만 맞서 싸우면 의열단을 없애면 끝이다. 몇 명 되지 않기 때문이다. 이제 소수의 조직으로 싸우기보다 조선 백성 전부가 싸워야 이길 수 있다."

김원봉은 의열단 전체 회의를 열고 단원들에게 고민을 털어놓았다. 단원들도 모두 의백의 의견에 동의했다.

"우리는 목숨을 바쳐 싸웠지만 사실 대다수 조선 사람은 속시원하게 생각만 했지, 다 같이 일어나 싸우는 것으로 이어지지는 못했습니다."

"이제 우리가 변할 때다. 시대의 흐름에 맞춰 백성과 함께 할 수 있는 독립 투쟁을 해 나가야 한다."

김원봉은 황푸군관학교에서 군인 간부를 키워 내면서 조국을 위해 다른 시도를 했다. 바로 의열단을 추슬러 새로운 단체를 만들기로 한 것이다. 당시 중국에는 일본과 싸우고자 수많은 조선 청년이 넘어와 있었지만 확실한 성과를 이루지 못하고 여기저기 흩어져 있었다. 김원봉은 이 청년들을 모으기로 했다.

"구슬이 서말이라도 꿰어야 보물이다. 흩어져 있는 청년을 모으면 각자가 할 수 있는 것의 수백 배의 효과를 낼 수 있다."

쪼개진 청년 세력이 김원봉 아래 뭉쳤다. 대략 300명 이상이 '조선민족혁명당'이라는 이름으로 뭉쳤다.

황푸군관학교는 중국 장교를 키우는 학교인데도 조선 학생이 끊이지 않았다. 김원봉 이하 의열단 출신이 교관이 되어 가르치고, 조선에서 청년들이 계속 넘어왔기 때문이다. 이들이 '조선민족혁명당'의 중심이 되었다.

김원봉 이하 의열단이 중심이 되는 조선민족혁명당의 청년들은 중국에서 독립 활동을 펼칠 뿐 아니라 한반도에 들어가 지방의 학생 조직과 손잡고 일반에 대항하는 운동을 계획했다. 그러다 때아닌 남의 전쟁에 휘말리게 되었다.

일본 첩보 기관의 급박한 보고에 이 전쟁이 언급되었다. 조

선총독부는 밀정이 보낸 정보를 정리하여 일본 정부에 이렇게 보고했다.

> 의열단은 조직을 다시 가다듬고 구체적인 단체의 기본 입장을 만들었다. 이에 따라 조직의 힘을 일반 대중의 조직으로 확대하는 데 모든 힘을 기울인다. 또 많은 수의 조직원을 소련과 중국 군관학교에 보내고, 중국의 북벌 전쟁에 참가해 전쟁의 실제 경험을 얻었다.

당시 중국은 조선총독부의 보고대로 장제스와 당시 중국의 발전을 막는 군벌이 전쟁을 치르는 중이었다. 군벌이란 청나라가 망하고 청나라 군대를 지휘하던 관리들이 각 지역을 차지하고 왕 노릇을 하고 있던 것을 말한다. 군벌은 중국 백성에게 마구잡이로 세금을 거두는가 하면 군벌끼리 전쟁을 벌이느라 많은 백성을 희생시켰다. 청나라 이후 세워진 중화민국은 군벌 때문에 있으나 마나였고, 일본과 서양 강대국이 끊임없이 중국을 넘볼 때에도 군벌은 그것을 막기는커녕 오히려 도와주었다.

중화민국 정부는 다수당인 국민당이 이끌고 있었고 소수당인 공산당은 그에 맞서는 중이었다. 군벌이 문제가 되자 국민당과 공산당은 손을 잡고 군벌부터 몰아내기로 했다. 이것을 북벌 전쟁이라고 부른다.

김원봉은 북벌 전쟁에 참가하기로 했다.

"중국이 군벌을 없애고 새로운 세상을 세우면 우리 조선도 살 길이 생길 것이다."

"맞습니다. 어쨌든 우리는 중국 땅을 빌려 활동하고 있습니다. 중국이 군벌을 없애야 일본의 침략도 막을 수 있을 것입니다. 만일 일본에 먹힌다면 우리는 또 어디로 가야 할지 모릅니다."

조선 청년들은 조국의 독립을 위해 남의 전쟁에 휘말렸다.

부인 박차정을 만나
안팎으로 조선의용대를 이끌다

일단 중국을 도와야 그들도 도와주지 않을까

　의열단의 조선 청년들은 군벌과의 전쟁에 참가해 눈에 띄는 활약을 했다. 괴롭고 힘들었지만 나름 전투 경험을 쌓았다. 북벌 전쟁은 계속해서 승리를 거두었다. 하지만 그것도 잠시 장제스의 국민당은 얼마간 승리를 이루자 군벌보다 공산당을 더 못마땅하게 여겨 총구를 그쪽으로 돌렸다.

　의열단원들은 김원봉에게 매일 놀라운 보고를 해 왔다.

　"공산당과 손잡고 싸울 때는 언제고 이제 공산당이 눈에 띄면 바로 총살을 하고 있습니다."

　김원봉과 의열단 단원들은 어쩔 줄 몰랐다. 눈앞에서 국민당원이 공산당원을 무자비하게 죽이고 잡아들이는 것을 봐야 했다. 북벌 전쟁에 참가했던 우리나라 청년들은 각자 부대에 따라 국민당 측과 공산당 측으로 나뉘었고 명령에 따라 서로를 향해 총구를 겨누기도 했다. 그중 의열단원은 공산당 측이 많았다. 중국 국민당이 압도적으로 많은 상황에서 공산당 측은 보이는 족족 잡혀 갔고, 그 자리에서 총살당하기도 했다.

"여자든 아이든 상관없이 공산당이라고 의심되면 다 잡아

다 총살을 시킵니다."

"빨리 여길 뜨셔야 합니다. 벌써 2000명이 넘게 죽었다고 합니다."

김원봉은 믿었던 장제스의 국민당이 의견이 다르다는 이유로 같은 민족인 중국 공산당을 무자비하게 공격하는 것을 목격했다. 늘 정의를 꿈꾸는 김원봉의 눈에 잘못된 것이 보이지 않을 리 없었다. 여기에 공산주의 이론으로 무장한 안광천이

라는 사람과 사귀면서 이 사람으로부터 여러 이론을 배우게 되었다. 당시 독립운동가들은 공산주의가 일본이나 영국처럼 다른 나라를 식민지 삼아 자기들만 배불리는 제국주의에 반대했기 때문에 공산주의를 지지하는 경우가 많았다. 조국의 독립이 최우선인 김원봉에게도 이 이론은 필요해 보였다.

'공산주의는 한 사람이 다른 사람을, 한 민족이 다른 민족을 억누르고 강제로 뭔가를 빼앗는 것에 가장 반대하는 이론이다. 지금 우리 민족을 억누르는 것은 일본 제국주의다. 독립투사들은 공산주의 이론을 배울 필요가 있다.'

김원봉은 '레닌주의정치학교'를 세웠다. 2년간 스무 명이 넘는 졸업생을 배출해 고국으로 몰래 숨어들게 한 뒤 일본으로부터 독립하기 위해 왜 싸워야 하는지 일반 사람들에게 널리 알리도록 했다. 국권을 빼앗긴 지 꽤 시간이 흘러 식민지 상태를 당연하게 여기던 사람들이 점차 귀를 기울였다. 김

원봉은 굳이 따지자면 좌파라고 하는 공산주의 편에 섰지만 조선을 독립시키기 위해 공산주의 활동을 펼친 것이다.

그리고 중국 공산당의 편에 서서 싸우기도 했다. 국민당이 하도 억누르자 중국 공산당은 국민당에 대항해 두 번의 싸움을 벌였다. 난창에서 일어나 난창 봉기라고 불리는 것과 광저우에서 일어나 광저우 봉기라고 불리는 것이었다. 난창 봉기에는 김원봉도 참가해 국민당을 향해 총을 겨누었다. 하지만 김원봉에게는 오로지 조국의 독립이 우선이었다. 두 번째 봉기인 광저우 봉기에는 참여하지 않았다.

문제는 광저우 봉기에 참가한 의열단 단원이나 다른 단체의 조선 청년 수백 명이 희생된 것이다. 이때의 희생으로 김원봉은 엄청난 상처를 입었다.

'중국 혁명이 성공하면 우리의 독립으로 자연스럽게 이어질 것이라고 생각했는데…….'

어느 쪽이든 도와 중국이 하나가 되게 해야 빨리 힘을 합쳐 일본에 대항할 텐데 그 어떤 것도 이루지 못하고 동료만 잃었다. 이런 괴로움은 김원봉뿐 아니라 모든 독립운동 지도자가 겪는 일이었다.

크게 상처를 입었지만 그렇다고 그대로 무너질 수 없었다. 어떻게 해서든 다시 일어나야 했다. 김원봉은 동료들의 어깨를 두드리며 새로운 각오를 다졌다.

"누구에게 기대지 말고 우리 힘으로 독립해야 한다. 우리는 공산당이든 국민당이든 우리에게 도움이 되는 쪽으로 상황에 맞게 움직여야 한다."

이 경험이 밑거름이 되어 김원봉은 나중에 공산주의 활동을 하던 조선 동료가 공산당의 가장 큰 적인 장제스를 암살하는 데 도움을 달라고 하자 거절한다.

"장제스를 해치우는 것은 우리 독립운동가의 급선무가 아니오. 우리는 조선 독립에 도움이 된다면 그 누구든 살려 두고 이용해야 하오."

나중에 군사학교를 세우며 장제스의 도움을 받았을 때 이 판단이 옳았다는 것이 밝혀졌다.

이제 군대를 키워야 할 때

1931년, 나라를 빼앗긴 지 20년 하고도 1년이 지났다. 상황은 더 나쁜 쪽으로 흘러갔다. 일본이 중국을 삼키고자 조선 땅을 지나 압록강 건너 만주 벌판에서 분란을 일으켰다. 중국은 이 싸움에서 졌고 만주 땅을 일본에 내주었다. 일본을 피해 만주에서 활약하던 독립군은 러시아나 중국 남쪽으로 옮겨 가야 했다. 의열단도 베이징에서 남쪽 난징으로 옮겼다.

이듬해 35세의 김원봉은 새로운 결심을 했다.

'조선을 해방시키려면 진짜 군대가 필요하다. 군대가 이기고 지는 것은 장교의 능력에 따르는 법, 군대 간부를 키워야 한다.'

김원봉은 장제스의 신임을 받는 중국군 장교와 좋은 관계를 유지했다가 그의 도움을 받아 중국 강소성 강녕진이라는 곳에 조선 간부학교를 세웠다.

학교 이름은 '조선혁명군사정치간부학교'. 나무 기둥에 흙벽을 세운 자그마한 건물이 여섯 채였는데 그중 가장 큰 강당에서 입학식을 치렀다. 시골의 작은 학교 입학식 모양새지만 축하하러 온 사람은 남달랐다. 국민당의 고위 간부와 중국군 육군 중장도 있었다. 교장 김원봉은 입학생에게 당부했다.

"조선 청년이 일본에 맞서 싸우기 위해서는 군사학과 무기 사용 기술이 가장 필요하다. 제군들은 이 학교에서 모든 힘을 다해 학습하여 조선의 미래를 위해 힘을 쏟도록 하자."

이 학교의 1기 입학생 중에 유명한 독립운동가이자 시인 이육사가 있었다. 시인 하면 연약하고 책상 앞에만 앉아 있을 것 같은 이미지지만 이육사는 달랐다. 청년 시절에 김원봉의 가르침을 받아 각종 변장술에 능했으며 총이나 폭탄 사용도 수준급이었다. 이육사는 당시 철저한 공산주의자였다. 그래서 공산당의 적인 장제스의 도움을 받는 김원봉을 비판하기도 했다.

이육사를 비롯한 간부학교 학생의 생활은 힘들기 짝이 없었다. 새벽 5시 30분에 일어나 체력을 단련하고, 아침 식사 후 혁명사, 정치사 등을 공부했다. 그리고 오후에는 사격, 지형 파악, 전술 짜기 등을 훈련했다. 밤 8시가 훨씬 넘어서야 훈련이 끝났고, 일주일에 서너 번씩 야외에서 자는 훈련을 했기 때문에 잠도 편안히 잘 수 없었다. 학생들은 힘들 때면 교가이자 먼저 간 독립운동가들을 추모하는 노래를 불렀다.

산에 나는 새 시체를 보고 울지 마라
몸은 비록 죽어도 혁명 정신은 살아 있다
만리장성 고독한 몸 부모 형제와 헤어져
홀로 서 있는 나무 밑에 힘없이 쓰러지다
우리 사랑하는 조선 혁명의 피를 얼마나 먹을 작정인가
피를 먹으려면 나의 피도 먹으렴

자신의 목숨을 바쳐 싸우겠다는 뜻이다. 1932년부터 1935

년까지 김원봉은 이 학교에서 총 125명의 군사 간부를 키워 냈다. 이 학교에서 의열단 활동을 같이 하던 독립운동가와 학생으로 입학한 조선 청년들은 조국 독립을 위해 밤낮을 잊고 훈련했다. 졸업 후 학생들은 일본 조직을 흔들고 일반 백성을 일깨우는 일을 하기 위해 조선 땅으로 숨어들어 그 목표를 수행했다. 이 학교는 중간에 위치가 발각되어 난징시 근처 황룡산 자락으로 옮겼다. 지금도 학교 건물이 중국 강녕진과 황룡산에 버려져 있다. 하지만 그들의 노력은 모두 잊히고 아무도 그 존재를 기억하지 않은 탓에 다 쓰러져 가는 폐가만 덩그러니 서 있을 뿐이다.

부인을 만나 안과 밖에서 발맞추어 싸우다

이 시기에 중요한 일이 있었다. 뜻이 맞는 여성 박차정을 만나 결혼한 것이다. 박차정은 독립운동가 출신으로 오빠가 의열단원이었으며 국내에서 독립운동을 하다가 체포되어 감옥살이를 하다 풀려난 뒤 중국으로 건너왔다. 중국에서 본격적으로 독립운동을 벌였고 그러다 김원봉과 만났다.

    박차정은 보통의 부인처럼 남편의 독립 투쟁을 마음 졸이며 지켜보는 여성이 아니었다. 김원봉은 어린 부인이 걱정되어 물었다.

    "난 수시로 잘 곳을 바꾸어야 하고 날 죽이려고 언제 밀정이 접근할지 모르오. 그래도 괜찮겠소?"

    "저도 보통 여자는 아닙니다. 두 번

이나 감옥에 다녀온 저예요. 그러기 전에 일본 형사들에 쫓기기도 했고요. 걱정 마세요."

박차정은 남편의 불안정한 생활에 놀라거나 불편해 하지 않았다. 오히려 난징에 사는 독립운동가의 부인들을 모아 민족혁명당 남경조선부녀회라는 조직을 만들어 여성이 조국 독립을 위해 할 수 있는 일을 만들고 지휘했다. 본인도 언제든 변장을 하고 사람들 속에 숨어들어 활동할 수 있었고, 늘 권총을 치마 속에 숨기고 다니며 밀정들과 맞닥뜨릴 것에 대비했다.

나중에 조선인 군대로 일본에 맞서 싸울 때 산속에서 부녀 회원을 이끌고 도토리나 나물 등을 모아 식량을 조달하기도 했고, 만국부녀대회에 참가하여 라디오방송을 통해 일본의 침략이 얼마나 나쁜 짓인지 모두에게 알리고 적극적으로 저항해야 한다고 일깨웠다. 김원봉은 부인과 서로 격려하고 위로하며 더 안정되게 활동할 수 있었다.

생활이 안정되자 김원봉의 눈에 새로운 과제가 보였다. 당시 중국에는 여러 개의 당이 나뉘어 독립 활동을 벌이고 있었다. 나뉘기만 한 게 아니라 각자의 방법이 옳다고 우기는 바람에 서로 방해될 때가 많았다. 김원봉은 한국독립당, 신한독립당 등 서로 다른 이름으로 활동하던 당의 우두머리를 차례로 만나 하나로 합칠 것을 제안했다.

"방법은 달라도 목표는 모두 같습니다. 다섯 당이 따로 활동하면 다섯을 해내지만 하나로 뭉쳐 활동하면 백의 효과를 낼 것입니다."

사실 목표를 향해 싸워 나갈 때 자기 방식을 버리기는 쉽지 않다. 독립운동가들은 목숨을 내놓을지언정 자기 방식을 고집하는 게 옳다고 믿었다.

"문제는 각자 다 그럴 듯하지만 흩어져서는 원하는 것을 제대로 얻을 수 없다는 것입니다."

김원봉은 이렇게 당 대표들을 하나씩 만나 설득했다.

김원봉은 말을 화려하게 하는 사람은 아니었다. 십 대 때 다니던 중앙학교에서 웅변대회 1등을 했다고 하지만 나이가 든 뒤 제자들의 증언에 따르면 예전의 1등 상은 말솜씨보다는 마음으로 따 내지 않았나 싶다. 실제로 간부학교 학생들은 매일 내기를 했다고 한다.

"오늘 교장 선생님이 '거……'를 몇 번 하나 내기하자."

"어제는 서른한 번이었으니까 오늘은 마흔 번. 수업이 많은 날이니까 더 많겠지."

줄줄 유창하게 말하는 사람은 아니어서 늘 시작 전에 '거……', '그게……' 등을 먼저 더듬거리듯 내뱉었다. 하지만 말을 많이 하지 않아도 행동으로 사람들이 따랐고, 몇 마디 말로도 설득이 되었다. 김원봉을 처음 만난 사람들은 대부분 같은 생각을 했다.

'스물세 번의 폭탄 사건을 일으킨 의열단의 우두머리라 무시무시할 줄 알았는데 전혀 그렇지 않구나.'

각 당 대표들은 힘을 합쳐야 한다는 말에 설득되어 자기 주장을 꺾고 하나로 합치기에 이르렀다. 총 다섯 개의 당이 모여 '민족혁명당'이라는 이름 아래 한층 더 활발히 독립운동을 펴 나가기 시작했다.

조선의용대를 이끌고 김구 선생과 만나 무게를 견주다

정식 군대, 조선의용대 총대장 김약산

　여러 당이 합치긴 했지만 몇 년 안 가 빠져나가는 당이 생겼다. 원래의 주장을 못 버리고 입씨름을 거듭하다 결국 그만두고 나간 것이다. 김원봉은 그렇다고 실망하지 않았다. 오히려 더 큰 성과를 내기 위해 한 발 더 앞으로 나아갔다.

　1938년, 1년 전 일본이 결국 중국을 상대로 전쟁을 일으켰다. 이른바 중일전쟁이다. 만주에 진을 치고 있던 일본은 군대를 남쪽으로 밀고 들어와 순식간에 베이징을 점령하고 상하이를 거쳐 난징까지 차지했다. 난징에서 12만 명을 마구잡이로 죽여 난징대학살을 일으켰다. 중국 국민당은 일본이 호시

탐탐 노리는데도 중국 공산당을 잡아 죽이는 데 정신이 팔려 있다가 아차 하며 그제야 맞서 싸우기 시작했다.

김원봉은 중국과 일본의 움직임을 지켜본 뒤 일본과 직접 싸울 때라고 판단했다. 마침 고향 친구 윤세주가 함께했다.

"이제 군대를 만들어 직접 싸울 때야."

"어떻게? 중국군에 들어가려고?"

"우리 군대가 있잖아. 의열단과 조선민족혁명당 단원의 지난 훈련과 경험은 어느 군대 못지않아. 더군다나 모두 지형학과 군사학까지 간부 훈련을 받은 정예부대 아닌가."

"일본군 안에는 억지로 끌려온 조선 청년이 많아. 우리는 그들을 탈출시키는 것만으로도 큰 역할을 하는 걸세."

김원봉은 중국군사위원회에 조선인으로 구성된 무장 부대를 승인해 달라고 요청했다. 황푸군관학교 시절 사귄 중국인 동료들이 중국 군사위원회에서 활약하고 있어 가능했다. 중국군사위원회는 중국군 여러 부대 중 하나로 배치하고, 가장 중요한 문제인 밥값과 활동에 필요한 비용을 지급해 주기로 약속했다.

130명의 대원이 모였다. 부대의 이름은 '조선의용대'였고 대장은 김원봉이었다. 부대원의 가슴에는 '朝鮮義勇隊(조선의용대) Korean Volunteer'라는 표찰을 달았다. 대장은 대원들에게 선포했다.

"조선의용대의 주요 임무는 정치선전공작이다."

조선의용대가 꾸려졌다는 소식이 온 나라에 퍼졌고 모두가 깜짝 놀랐다. 이미 국권을 도둑맞은 국민이 군대를 조직해 연합국의 한 부대로 전쟁에 참가하게 되었다는 것이 신기했던 모양이다. 그동안 외교를 펼치자, 실력을 키우자 하며 진행된 독립 투쟁이 너무 많았다. 거기에 실망한 사람들이 조선의용대의 활동에 기대를 걸기 시작했다. 반면 좌파 김원봉을 견제하던 우파의 독립운동 세력은 충격을 받았다.

"중국의 지원을 얻어 군대를 만들 생각을 하다니!"

지금까지의 조선독립군은 정식으로 맞서 싸우는 부대가 아니라 갑자기 치고 빠지는 식의 게릴라 전투 부대였다. 나라를 대표하지도 못했고 각각의 부대가 전쟁이 아닌 전투만 가능했다. 여기에 국가적 지원도 전혀 없었기 때문에 스스로 농

사를 지어 가며 꾸려야 했다. 그런데 조선의용대는 중국에서 비용이 나오는 정식 군대였다. 김원봉과 거리를 두었던 우파 계열의 독립운동가들이 자극을 받아 앞으로 나섰다.

"우리도 군대를 만들어야 합니다."

"임시정부는 대한민국을 대표하는 유일한 정부입니다. 우리가 지휘하는 군대가 있어야 합니다."

결국 임시정부의 정식 군대 한국광복군이 꾸려졌다. 경쟁을 통해 일어난 긍정적인 움직임이었다.

조선의용대에 관해서는 외국 사람의 평가가 더 많았는데, 미국 작가 님 웨일즈가 《아리랑》이라는 책에서 이렇게 썼다.

1938년 유명한 테러리스트 김약산이 일본과 싸우기 위해 조선 항일의용군을 조직했다. 수백 명의 조선인은 김약산의 지휘에 따라 움직였다. 내가 입수한 이들의 홍보 책자에는 '조선의용대의 최대 임무는 국내외 모든 투사의 힘을 합치게 해 조선 백성의 항일 투쟁을 준비하는 것이다.'라고 했다. (중략)

얼마 지나지 않아 이 부대는 최전선에 배치되었다. 이들의 활약 때문에 많은 변화가 일어났다. 수많은 조선 사람이 일본군에서 도망쳐 이 부대와 함께했다. 강제로 뽑혀 일하게 된 조선인들도 일본인의 요구에 순순히 따르지 않았고, 이들은 기회만 있으면 도망쳐 나왔다.

머리를 쓰는 전투 부대, 조선의용대

조선의용대에 지원하는 조선 청년은 대부분 중국, 일본의 유명 대학 출신이었고, 미국 유학을 다녀온 사람도 있었다. 모두 내로라하는 두뇌를 가졌기 때문에 직접 전투를 하기보다 머리를 쓰는 선전공작이 어울렸다. 선전공작이란 쉽게 말하자면 직접 총을 쏘고 폭탄을 터뜨리는 전투가 아니라 일본 군인의 마음을 흔들고, 일본의 잘못된 욕심이 아시아 사람을 얼마나 괴롭히는지 알려 주어 전투 의욕이 사라지게 만드는 것이었다. 조선의용군은 일본군이 보게 될 담벼락에 페인트로 구호를 써 놓았다.

"다른 나라를 침략하는 잘못된 전쟁에 참가해 헛되이 목숨을 버리지 말고 항복하라!"

담벼락이 없으면 커다란 천에 적었다.

"집에서 부모 형제가 기다리고 있는데 왜 다른 나라에서 아까운 목숨을 버리려고 하는가?"

이런 천은 아무 데나 두는 게 아니었다. 일본군과 150미터쯤 떨어진, 바로 코앞이라고 할 만한 곳에 걸어 두었다. 일본군은 눈을 뜨자마자 이 글귀를 보게 되었다.

한번은 한커우라는 도시에 곧 일본군이 밀고 들어온다는 정보가 들어왔다. 수적으로 상대가 되지 않아 시민과 군대는 어쩔 수 없이 도시를 비우고 떠나야 했다. 이때 조선의용대가 일본군이 들어오기 직전까지 남아 도시 곳곳의 담벼락에 일본 글자로 일본군을 흔드는 표어를 커다랗게 써 놓았다. 콜타르라는 석유 찌꺼기로 크게 적어 놓아 지우기도 힘들었다. 표어는 '너희 병사들이 피 흘리고 싸울 때 너희 우두머리는 후방에서 잔치를 벌인다', '병사들이 목숨을 내놓고 피를 흘리지만 상은 장군이 받는다' 등등이었다. 심지어 '일본 왕은 오줌싸개'라는 글귀도 있었다.

중국의 학자이자 항일운동가 귀모뤄는 자신의 자서전에서 이 장면을 다음과 같이 풀어놓았다.

그들은 진입 직전에 동원되어 이 일을 맡았다. 그들이 목숨을 걸고 나선 덕분에 한커우 시내는 '정신의 보루'가 되었다. 과장이 아니다. 나중에 일본군 포로들이 말하기를 일본이 그 지역을 점령한 후 여간 골치를 앓은 게 아니라고 했다. 사흘 넘게 야단법

석을 떨어 그 표어를 지웠다고 한다. 하지만 글자를 지웠다고 머릿속의 글자까지 다 지웠다고 말할 수 있을까?

조선의용대의 활약은 중국뿐 아니라 아시아 전체로 퍼져 나갔다. 김원봉은 이제 몸이 열 개라도 부족했다. 매일 밤 일본군 부대 건너편에서 마이크로 '무모한 전쟁에 참가하지 말고 도망치라'고 일본군을 설득하는가 하면, 큰 연을 만들어 글을 써서 날리기도 했다. 그 와중에 계속해서 전술을 짜고, 대원들에게 임무를 주고, 의용대가 일본과 맞붙어 전투할 때는 앞장서서 싸웠다.

또한 다들 일본어에 능통했기 때문에 일본군 포로를 심문하고 일본군 문서를 번역하는 일도 맡았는데, 이런 요원이 필요할 때면 김원봉이 직접 골라 배치했다.

김구 선생을 만나다

중국 계림에서는 의용군 부대를 꾸리느라 눈코 뜰 새 없는 나날을 보냈다. 정신없이 바쁜 와중에 크나큰 슬픔이 닥쳤다. 최전방에서 적을 향해 선전공작을 하는 의용대를 방문했을 때였다. 부인 박차정이 부녀봉사단의 일원으로 같이 방문했다가 안타깝게도 일본군 정찰병의 총에 맞아 큰 상처를 입었다. 김원봉은 박차정을 살리고자 백방으로 노력했지만 간신히 목숨만 건지고 병을 얻게 되었다. 5년 뒤 박차정은 그 상처의 후유증으로 결국 죽음에 이르고 만다.

김원봉은 아내 때문에 마음이 아팠지만 여전히 자신의 임무를 해냈다. 의용대는 전쟁의 판세가 흘러가는 대로 중국 여기저기로 이동해야 했다. 윤세주가 김원봉에게 보고했다.

"대장, 의용군이 두 배 이상 늘었습니다. 일본군에서 빠져나와 의용군에 참가하겠다고 찾아온 조선 청년도 많고, 우리 명성을 듣고 조선에서 직접 건너온 청년도 있습니다."

"나도 들었네. 이제 수가 늘어난 만큼 임무를 더 다양하게 할 수 있을 걸세. 전투 후방에서 직접 싸울 수도 있겠어."

여기에 또 하나의 만남이 더해졌다. 김원봉은 존경해 오던 김구 선생을 만났다.

민족이 우선이고 한 민족 안에서 지배와 피지배가 나뉘는 것을 당연하다고 보는 민족주의 계열을 우파라고 하고, 어느 민족이든 지배와 피지배 계급이 나뉘어서는 안 된다고 보는 사회주의 계열을 좌파라고 한다.

굳이 나누자면 김구는 우파의 대표이고 김원봉은 좌파의 대표라고 할 수 있었다.

"우파와 좌파를 대표하는 사람들로서 이렇게 나뉘어 힘을 소모하는 게 안타깝소이다."

"늘 존경해 오던 김구 선생님이 이렇게 손을 내밀어 주셔서 감사합니다."

둘은 힘을 합치기로 했다. 양쪽이 합쳐 만든 단체가 어떻게 싸워 나갈 것인지를 정함과 동시에 해방 후에 어떤 정부를 만들 것인지도 합의했다. 그렇게 합의한 내용으로 동포들에게 보내는 선언문을 만들었다.

동지, 동포들에게 보내는 공개 통신

우리 민족은 현재 죽고 사는 벼랑 끝에 서 있다. 우리는 일치단결하여 하나의 운명으로 하나의 목표를 향해 싸워야 하는 동지이고 동포이다. 때문에 우리는 이미 각각의 작은 단체가 나뉘어 싸움으로써 민족적 손해를 보았음을 되돌아보고 하나의 단체로 싸워야만 가능하다는 것을 깨달아 한시바삐 어떤 조건도 없이 하나가 되어 뭉치도록 한다. (이하 생략)

사람들은 은근히 김구와 김원봉을 견주었다. 김원봉보다

스물두 살이 많은 김구는 이미 독립운동가의 지도자로 모두의 믿음을 얻고 있었다. 의열단보다는 늦었지만 1930년에 한인애국단을 만들었고, 김구의 주도 아래 이봉창 의사가 일왕에게 수류탄을 던졌으며, 윤봉길이 홍커우 공원에서 일본군 대장에게 물통 폭탄을 던졌다. 이 일로 김구는 일본 정부에 쫓겨 중국 여기저기로 옮겨다니고 있었다.

의열단 활동을 하며 23회의 폭탄 투척 사건을 일으킨 김원봉에게 일본은 100만 원, 오늘날의 약 320억 원에 해당하는 현상금을 걸었다. 이봉창과 윤봉길 등의 굵직한 사건을 주도한 한인애국단의 당수 김구에게는 60만 원, 오늘날의 약 200억 원의 현상금을 걸었다. 이 엄청난 액수는 일본이 이 두 사람을 그만큼 무서워했다는 뜻이고, 이 두 사람이 조선 독립에 그만큼 중요한 인물이었다는 뜻이다.

그런데 둘은 서로를 존경하면서도 독립 투쟁 방식은 인정하지 않았다. 김원봉은 김구 선생 이하 임시정부와 한인애국단 활동이 더 과격해야 한다고 믿었고, 김구 선생 측은 김원봉의 의열단과 조선의용대가 너무 과격하다고 생각했다. 그럼에도 한 발씩 양보하여 힘을 합쳐 보기로 한 것이다.

"김원봉과 합친다면 우리는 손을 떼겠습니다."

"김구 측과 합치면 그들에게 이용만 당할 거요."

둘을 돕는 사람들은 합치는 것을 결사반대했다. 하지만 김구는 독립 투쟁 조직이 더 이상 나뉘어져서는 안 된다고 생각했고, 김원봉은 자신이 간부가 아닌 일개 사병이 된다 해도 합쳐야 한다고 생각했다.

"임시정부와 한국광복군은 조선의용대의 뛰어난 능력이 필요합니다."

"조선의용대는 한국광복군은 일부가 되더라도 더 큰 힘을 발휘할 수 있도록 할 것입니다."

둘은 각각의 편을 설득했다.

한국광복군이 되어 독립전쟁에 임하다

김구와 김원봉의 생각은 결국 같았다.

"몸을 던져 싸우지 않으면 독립을 이룰 수 없고, 붉은 피가 아니면 민족을 구할 수 없다."

조선의용대는 임시정부가 만든 한국광복군의 제 1지대로 들어가고, 김원봉이 광복군 부사령관이자 제 1지대장이 되었다. 김원봉의 조선의용대가 합류하자 한국광복군은 이제 조선 유일의 독립 군대가 될 수 있었다. 김구는 '광복군 선언문'에서 이렇게 밝혔다.

> 광복군은 1919년에 세워진 임시정부 군사조직법에 따라 중국 총통 장제스의 특별 허락으로 만들어졌고, 중화민국과 힘을 합쳐 우리 두 나라의 독립을 이루고, 공동의 적인 일본 제국주의를 때려 부수기 위해 연합국의 일원으로 싸우기를 계속한다.

한국광복군 안에서도 김원봉은 바빴다. 한국광복군은 직접 전투를 하기도 했지만 주로 첩보 활동에 투입되었다. 연합국 측인 영국군은 한국광복군에게 일본의 첩보 활동을 도청하고 문서나 암호를 해독하고 일본어로 선전 방송을 할 요원을 부사령관 김원봉에게 요청했다.

"조선의용군 시절 그 임무를 경험한 요원이 많습니다."

김원봉은 한국광복군 내에서 요청한 요원들을 뽑아 인도, 버마 전선에 보냈다.

한국광복군의 또 다른 임무는 미국 OSS와 합동 작전을 펴는 것이었다. OSS란 미국의 군사 첩보 기관으로 중국에 본부를 두고 있었다. 한국광복군과 OSS는 요원을 뽑아 한반도와 일본에 보내 정보를 수집하고 때때로 전투를 벌여 교란을 시키기도 했다. 그리고 보다 중요한 일은 국내로 군대를 몰고 들어가는 것이었다. 곧 일본의 힘이 기울어질 것이라고 판단한 한국광복군 수뇌부는 미국군과 합동 훈련을 하기로 했다. 훈련은 3개월 이상 계속되었다.

김원봉이 들어오기 전 임시정부와 한국광복군 수뇌부는 다들 나이가 많았다. 당시 김구 주석이 70대 초반이었고 다른 사람들도 엇비슷했다. 이에 반해 김원봉은 40대였다. 김구 선생의 인품이 뛰어났기에 나이에 상관없이 동료로 대해 준 것이지 그렇지 않았다면 경험 운운하며 걸핏하면 김원봉을 무시했을 것이다. 다만 임시정부의 수뇌부는 김원봉이 좌파 활동을 했다는 이유로 은근히 따돌리려 했다. 가령 미국이나 영국과 연합할 일이 있으면 이 나라들과 긴밀한 관계를 맺지 못하도록 막았다. 이것 때문에 김원봉 측 사람들은 분노했다.

"임시정부의 군사권을 쥔 약산 선생도 모르게 미국과 협의하다니요!"

"공산주의라고 나를 낙인찍었으니 중요한 업무는 끼워 주지 않으려는 것이지."

"선생은 늘 하나로 합치기 위해 공산주의자를 받아 주었

고, 실상 공산주의자들이 조선의용대 일부를 빼돌려 피해를 본 입장인데, 선생을 공산주의자라고 하다니 너무합니다!"

김원봉은 부하의 말을 들으면서 씁쓸해졌다. 하지만 포기하지 않았다. 옳다고 생각하면 밀고 나가는 성격이었기에 오랫동안 싸워 올 수 있었다. 김원봉은 자기 식대로 미국이나 영국과 접촉하려고 했다. 그러면서도 이미 하나가 된 한국광복군을 위해 여전히 능력을 발휘했다.

"중국 측 군사위원회에서 한국광복군을 중국 군대의 일부로만 활용하려고 하오."

임시정부 수뇌부가 알려 왔다. 김원봉에게 중국 측으로부터 한국광복군의 지휘권을 빼내 오라는 뜻이었다. 김원봉은 다시 황포군관 시절의 인연을 이용해 중국 군사위원회의 고위 관리들을 만나 설득했다. 결국 한국광복군의 지휘권이 임시정부 측으로 넘어오게 되었다.

광복 후 고국에서
친일파 노덕술을 만나 북으로 가다

꿈에 그리던 그날, 대한 독립 만세

 1945년 8월에 들어서자 전쟁의 흐름이 심상치 않게 돌아갔다. 무장 독립운동을 30년 가까이 해 온 경험으로 김원봉은 이상하다는 것을 바로 느꼈다. 김원봉은 김구 주석에게 달려갔다.

 "빨리 군대를 이끌고 우리 땅으로 들어가야 합니다. 연합군에 의해서 일본이 항복하면 우리는 다시 연합군의 손에 휘둘리게 됩니다."

 김구 주석 이하 수뇌부는 미국 OSS 측과의 훈련을 마치고 한반도로 들어갈 준비를 했다. 급박한 상황에서 모두 정신이 없었다.

　그러던 어느 날 사무실에 앉아 있는데 귀를 찢을 듯 전화벨이 울렸다.

　"무슨 일인가?"

　"라디오를 켜 보십시오. 일본이 항복했답니다. 조선이 해방되었어요!"

　김원봉의 가슴에 두 가지 감정이 스쳐 지나갔다. 일단은 드

디어 조국이 해방되었다는 사실에 행복했다. 당장이라도 뛰쳐나가 지나가는 사람을 얼싸안고 '대한 독립 만세'를 외치고 싶었다. 반면 또 하나의 생각은, 우리 힘으로 독립한 것이 아니라 연합군이 일본을 패망시켜 자동적으로 해방이 되었다는 것이었다. 이제 일본이 물러나고 영국이나 미국, 소련 같은 연합국이 독립을 시켜 주었다며 조선 땅에서 감 놔라 배 놔라 할 게 뻔했다.

'국내로 군대를 밀고 들어가는 작전을 조금만 빨리 시도했더라면 우리 힘으로 독립했을 텐데, 참으로 아깝군. 이제는 일본이 아니라 연합국 세력과 싸워야 하나……'

마음이 급해진 김원봉은 서둘러 고국으로 돌아갈 준비를 했다. 듣자 하니 미국이 두 달만에 이승만을 먼저 입국시켰다고 했다. 이승만은 교육과 선전으로 실력을 양성하고 외교술을 펴서 독립해야 한다고 주장하는 쪽이었다. 초기 임시정부가 세워졌을 때 세력을 모아 대통령으로 추대되었다. 하지만 실질적인 활동 없이 미국으로 건너가 미국과 접촉할 뿐 임시정부 활동을 버려 두어 임시정부 수뇌부에 의해 6개월 만에

쫓겨났다.

 '이승만이 누구인가. 그동안 끊임없이 독립운동을 한다면서 미국에 살며 입으로만 외교 활동을 해 온 사람이다. 한국의 통치를 국제연맹에 맡기겠다고 주장하는 사람이니 틀림없

이 미국 입맛에 맞게 움직일 테지.'

김원봉은 직접 몸으로 뛰고 무력으로 싸워 온 사람이다. 이승만은 그래서 특히나 김원봉을 싫어했다. 이승만과 미국이 움직였다는 소식을 듣고 김원봉은 마음이 급해졌다. 드디어 소식이 들려왔다.

"미국 수송기가 임시정부 인사를 태우고 가기 위해 상하이에 도착한답니다."

"딱 열다섯 명밖에 타지 못한다고 합니다. 누가 먼저 타고 갈까요?"

임시정부 수뇌부는 서로 먼저 타겠다고 나섰다. 김구나 김원봉 말고도 대부분의 임시정부 수뇌부는 중국 땅에서 길게는 30년 넘게 오로지 조국의 독립을 위해 싸운 사람들이다. 이들이 조국 땅을 밟을 때 전국민이 나와서 환영 인사를 해야 마땅했다. 그런데 벌써 이승만이 미국군을 등에 업고 화려하게 귀국해 버렸다. 이제 남은 환영이 있다면 그것은 1차에 쏠릴 것이다. 나중에 주섬주섬 챙겨 들어가 봐야 아무도 알지 못할 것이고 그렇게 잊힐지도 몰랐다.

"제가 나중에 가겠습니다."

김원봉은 2차로 가겠다며 빠졌다. 곁에 선 사람이 이상하게 여기며 물었다.

"조선의용대 대장이고 임시정부 군무부장입니다. 지위로 보나 지금까지 한 일로 보나 다섯 손가락 안에 드는데 왜 2차로 가신단 말입니까?"

"차마 싸우기 부끄러워 그렇소. 내가 그냥 2차로 가리다."

아쉬운 순간이다. 양보 없이 먼저 도착했다면 한국 사람들이 생각하는 김원봉의 위치가 달라졌을 것이고, 도착 후 활동이 한층 편했을 것이다.

결국 12월 2일 26년 만에 김원봉은 고국에 돌아왔다. 날씨 때문에 서울로 가지도 못하고 일본군이 쓰던 전라도 군산 비행장에 내렸다. 쓸쓸한 귀향길에도 그저 돌아왔다는 사실에 감격해 김원봉은 가슴이 터질 것 같았다.

해방된 조국의 현실에 슬퍼하지 않고

'3개월 반만에 바뀌면 얼마나 바뀌었겠어?' 하겠지만 현실은 달랐다. 해방 전 연합국이 모여 한국을 어떻게 할지 벌써 논의를 끝낸 상태였다. 미국은 소련 혼자, 소련은 미국 혼자 한반도를 차지할까 봐 반으로 나누어 다스리자고 깔끔하게 결론지었다. 오랫동안 일본의 식민지여서 스스로 나라를 운영할 힘이 없다는 것이 이유였다. 김원봉은 이 사실을 눈으로 보고 깜짝 놀라면서도 다시 마음을 다졌다.

'아직은 결정난 게 아니다. 다시 이것을 두고 또 싸우는 수밖에!'

쉽게 포기하는 성격이었으면 그렇게 오랫동안 일본과 싸우지 않았을 것이다. 이제 다시 적이 생겼다. 문제는 뒤늦게 들어오는 바람에 목소리를 낸다고 해도 들어 줄 사람이 많지 않다는 것이었다.

김원봉이 들어왔을 때 일본 군대를 해체시킨다는 이유로 소련군과 미국군이 들어와 있었다. 자기들끼리 한반도를 위도 38도를 경계로 나누고 북쪽은 소련군이 남쪽은 미국군이 차

지했다. 그리고 각 나라를 등에 업은 정치인들이 자기 의견대로 나라를 꾸리겠다며 움직이고 있었다. 북쪽은 소련군을 등에 업은 김일성이 완전히 차지했고, 남쪽은 미국군을 등에 업은 이승만 쪽이 우세했지만 그들을 반대하는 무리도 여러 갈래로 나뉘어 앞으로 한국을 어떻게 꾸려갈지 각자의 주장을 펼치며 국민을 설득했다.

"나라를 세우는 것이 중요하니 미국의 뜻에 따르고 친일파라도 능력이 있으면 같이하자."

이승만 등의 친미파의 주장이었다. 물론 그 뒤에는 돈과 정보를 바치는 친일파들이 있었다.

"무엇보다 친일파부터 처리하고 노동자가 중심이 되는 나라를 세우자."

박헌영 같은 좌파 쪽 주장은 이승만의 주장과 완전히 반대되었다. 박헌영은 공산주의 진영의 독립운동가 출신으로 해방이 되자마자 조선 공산당을 이끌고 새로운 대한민국을 세우겠다는 세력 중 하나로 활동하고 있었다.

"친일파는 안 되고 또한 미국이나 소련이 아닌 우리 힘으로 해야 한다."

이런 주장을 하는 김구 등의 중도 우파도 있었다. 김구는 1차로 귀국해 김원봉보다는 나은 위치였다. 미국이나 소련이 간섭하려는 것에 치를 떨어 진정한 독립을 주장하면 국민 모두가 귀를 기울여 주었다. 이 때문에 소련이나 미국을 등에 업은 세력들에게 공격을 당하기도 했다.

"친일파부터 없애야 하지만 그렇다고 노동자만 중심이 되어서는 안 되고 모두가 함께하자."

마지막 여운형 쪽의 의견이었다. 좌파와 우파를 어떻게 해서든 합치고 의견을 하나로 모으려는 노력을 꾸준히 했다. 이들을 중도파라고 불렀다.

김원봉은 이렇게 여러 주장이 오고 가는 조국의 현실을 보고 바로 뛰어들었다. 귀국한 지 일주일도 안 되어 농민이 총연맹을 조직하는 곳에서 연설을 했다.

오랫동안 압박을 받은 농민 여러분에게 존경을 표하겠습니다. 인구의 대부분인 농민을 대표하는 여러분에게 존경하는

마음을 꼭 표현하고 싶었습니다. 나는 토지 문제에 대해 여러분의 의견에 동의합니다. 지금 우리가 싸워야 하는 대상은 일제에서 일제 대리인으로 변했습니다. 우리는 그들을 철저하게 물리쳐야 합니다.

김원봉이 귀국하고 얼마 안 있어 결국 미국과 소련이 5년간 대신 통치한다는 결정이 났다. 이것 때문에 우파와 좌파가 극단적으로 대립했다. 김원봉은 이 사태에 당황했다. 김구 이하 임시정부 측과 박헌영 등의 좌파가 싸우는 것이 안타까웠다. 어떻게 해서든 양쪽이 타협해 하나가 되어 문제를 해결하고 싶었다.

문제는 이승만 측이었다. 소련이 신탁통치를 주장하자 공산주의 국가 소련을 지지하는 좌파가 신탁에 찬성했고 이승만 측은 속으로 만세를 불렀다. 신탁 통치란 정해진 기간 동안 그 민족을 대신해 다른 나라가 나라를 다스리는 것이다. 어찌됐든 그동안 식민지를 겪은 사람들에게는 치가 떨릴 일이었다. 이승만과 친일파들은 이것을 교묘하게 이용했다. 신탁에 반대한다고 나서며 애국자인 척 신분을 바꿔 신탁에 찬성하는 좌파를 없앨 기회로 삼은 것이다.

"신탁에 찬성하는 좌파는 나라를 팔아먹는 자들이다. 좌파 빨갱이를 없애자!"

좌파가 1차로 주장하는 것이 친일파를 모두 찾아내 벌을 주는 것이었다. 친일파들은 이런 좌파들에 대항해 목숨을 걸다시피 했다. '신탁을 주장하는 자는 독립을 반대하는 매국노이고, 그 매국노가 바로 좌파 빨갱이다.'라며 역으로 몰기 시작했다. 누가 진짜 매국노인지 헷갈릴 지경이 되었다. 그래서 좌파와 전혀 상관없는데도 친일파를 없애자고 주장하면 빨갱이로 몰려 죽음을 당하기도 했다. 김원봉의 중학교 스승은 신탁에 찬성했다는 소문에 휘말려 총에 맞아 암살당했다. 전혀 근거 없는 소문이었다.

새로운 사명을 찾아

미국군이 들어오기 전 독립운동가를 중심으로 조선건국위

원회가 세워졌었다. 오늘날 국방부장관에 해당하는 군무부장으로는 김원봉이 정해졌다. 아직 귀국도 하지 않았는데 묻지도 않고 위원회 측이 정한 것이었다. 이때까지만 해도 김원봉은 김구 등과 함께 중요한 인사로 여겨졌다.

하지만 미군정이 이 건국위원회를 정부로 인정하지 않고 이승만을 앞세워 새로운 정부를 세웠다.

"미군정만이 유일한 정부이다. 한국 국민은 국제법에 따라 점령군의 의무를 수행하는 미군정의 명령에 절대 복종해야 한다."

미군정은 당연히 자신들을 극렬하게 반대하는 좌파를 제외시켰다. 이승만 이하 친미파와 친일파, 임시정부 시절 중요 인사만 참여했다. 임시정부 시절 중요 인사들은 차츰 친일파를 제거하는 문제에 소극적으로 변했고 미국의 간섭을 인정하는 쪽으로 바뀌었다.

여기에 실망한 김원봉은 임시정부에서 탈퇴했다. 그리고 여운형 등과 함께 '민주주의민족전선'이라는 진보 조직을 만들었다. 친일파는 용서하지 않지만 임시정부 측의 우파는 언

제든 받아들이자는 좌파 중심의 조직이었다.

그 와중에 이승만은 다시 미국으로 건너가 미국 정치인들을 만나 남한만의 정부를 세울 테니 도와달라고 부탁을 하고 다녔다. 북쪽이 자꾸 소련에 기대 그들의 정부를 꾸리려 하니 남한도 한시바삐 따로 정부를 세워야 한다는 것이었다.

그 소식을 듣고 김원봉은 탄식했다.

"지금 다들 온몸을 바쳐 좌우를 합치고 통일된 나라를 세우고자 하는데 그 노인네는 미쳤는가? 나라를 둘로 나누다니! 그것도 남의 땅에 가서!"

김원봉은 김구와 여운형의 의견을 지지하고 함께하고자 애썼다. 김구는 오로지 하나의 나라만이 필요하다고 주장하고 다녔다. 70세가 넘는 나이에도 쉬지 않고 하나된 조국이 왜 필요한지, 한민족이 왜 나뉘면 안 되는지 설득했다. 여운형 역시 마찬가지였다. 이념에 상관없이 일단 민족이 찢기면 안 된다는 입장이었다. 세 사람은 그런 이유로 암살 위기에 처했다. 특히 공산주의자라고 오해받은 여운형과 김원봉은 애국자인 척 신분을 세탁한 친일파나 이승만 등 친미파의 목표가 되었다.

여운형은 야밤에 몽둥이세례를 당하거나 납치도 여러 번 당했고, 숙소에서 폭탄이 터지는 일도 경험했다. 다행히 큰 부상 없이 위기를 넘겼지만 항상 불안했다.

주변 사람들이 제발 몸조심하라고 신신당부를 했지만 여운형은 늘 껄껄거리며 웃어넘겼다. 그렇지만 사실은 불안했던지 한번은 같은 처지인데도 늘 무사한 김원봉에게 물었다.

"중국에서 그 삼엄한 일본의 마수를 모두 피한 자네에게 한 수 배우고 싶네. 대체 어떻게 몸을 숨기고 밀정을 피해 다녔나?"

"하하하, 별로 어렵지 않습니다. 촉을 모두 놈들을 향해 세우고 최대한 그들이 어떻게 움직일지 가늠하십시오. 수시로 변장하시고, 숙소는 여러 개를 번갈아 가며 쓰세요. 다시 말씀드리지만 제일 중요한 것은 촉입니다, 촉. 늘 촉을 세우고 다니십시오!"

"내 꼭 그리하겠네."

친일파와 한 하늘 아래 살아가기 힘들어지더라

상황은 계속 나빠졌다. 미국은 이승만을 앞세워 남한만의 단독정부를 차근차근 진행하며, 이것에 반대하는 사람이 있으면 구실을 만들어 잡아들였다. 아직 남과 북이 자유롭게 오갈 때여서 확실한 공산주의자들은 이미 북으로 넘어갔다. 김구, 여운형, 김원봉 등은 여전히 남한만의 정부는 안 된다며 각종 행사에 참가해 국민을 설득했다.

1947년 미국이 세운 정부가 쌀값을 억지로 조정해 값이 엄청나게 뛰어올라 살기가 힘들어졌다. 대구에서 이런 정책에 반대하는 총파업이 일어났다. 이승만과 미군정은 김원봉이 총파업의 배후에 있다고 지목했다. 일제의 고등계 형사로 수많은 독립운동가를 잡아 죽인 친일파 형사 노덕술이 김원봉을 체포했다. 기가 막혔다.

'최악의 친일파 놈에게 고국 땅에서 붙잡히다니, 독립운동을 하면서 한 번도 잡힌 적인 없는 나인데……'

일제 강점기에 엄청난 부자인데도 독립 자금을 내놓지 않으려고 버티다 암살당한 대구 부자가 있었다. 해방 후 죽은 부자의 아들인 친일파 장택상이 이승만의 줄을 잡고 경찰국장 자리를 차지했는데 노덕술이 다시 장택상에게 빌붙어 살아남았다. 장택상은 김원봉의 고모부 황상규가 자기 아버지를 죽였다는 사실을 알고 복수하기 위해 일부러 노덕술을 보냈던 것이다. 다른 사람도 아니고 일제 고등계 형사에게 붙잡히면 얼마나 치욕적일지 계산한 것이었다. 더 참을 수 없었던 것은 고문을 받으며 두들겨 맞고 뺨을 얻어맞은 것이었다.

"으흐흑, 친일파 놈에게 이런 치욕을 당하다니!"

김원봉을 체포했다며 여론이 들끓자 며칠 뒤 죄가 없다며 다시 풀어 주었다. 풀려난 김원봉은 삼일 밤 삼일 낮을 쉬지

않고 울었다. 일본을 벌벌 떨게 한 호랑이 독립군 대장 김원봉이 겨우 친일파 형사에게 두들겨 맞았으니 하늘이 원망스러운 것도 당연했다.

여기에 믿고 따르던 여운형이 대낮에 총탄을 맞아 그 자리에서 목숨이 끊어졌다. 경호관이 범인을 쫓아 붙잡으러 했지만 경찰이 방해를 했다는 것을 알게 되었다.

'더 이상 여기서 살 수가 없겠구나!'

김원봉은 계속 고집을 부릴 수 없다는 생각이 들었다. 차라리 북쪽에 가 있는 황푸군관학교 시절의 동료들과 힘을 합쳐 북한 입장에서 남한과 합치려는 노력을 하면 어떨까 생각했다.

갈수록 감시는 심해졌고 자그만 꼬투리만 있어도 형사가 붙었다. 암살 위협은 더 늘어났고, 더 이상 활동이 힘들어 시골 마을을 옮겨 다니며 몸을 숨겼다. 고향의 가족들과 서울로 유학 온 동생들까지 경찰에 불려다니며 심문을 당한다는 소식이 김원봉의 숨통을 조여 왔다.

'가족이 괴롭힘을 당하는 일은 다시 없을 줄 알았는네!'

그러다 김구 선생에게 연락이 왔다. 평양에서 남한과 북한의 지도자가 모여 통일을 논의하는 연석회의를 하는데 참가하자는 것이었다. 김원봉은 살아남을 수 있는 마지막 기회라고 여기고 이를 수락했다. 그리고 회의가 끝난 뒤 남한으로 돌아오지 않고 그곳에 남았다.

이후 김원봉은 북쪽 정부의 고위 관료로 활동했다. 하지만 몇 년 안 가 약산 김원봉의 존재는 사라졌다. 누구는 감옥에서 자살했다고 하고 누구는 은퇴했다고도 하나 김일성에 의해 숙청당해 죽임을 당한 게 아닌가 하는 추측이 가장 유력하다. 공산주의자가 아닌데 북쪽에서 살아가려 했으니 당연한 일이었는지도 모른다. 증언에 따르면 6·25 직전 남쪽을 침략하자는 주장에 격렬히 반대하기도 했다고 한다.

오늘날까지 김원봉은 스스로 북으로 넘어갔다는 사실 때문에 독립운동가로 인정받지 못하고 있다. 북쪽에서는 어떤 일이 있었는지 알 수 없지만 공로자들이 묻히는 묘지에서도

김원봉의 흔적은 전혀 찾을 수 없다. 남한에 남은 형제는 빨갱이의 가족이라는 이유로 막내 여동생을 제외하고 모두 죽임을 당했다. 김구보다 더 높은 현상금이 매겨질 정도로 일본을 괴롭힌 독립운동가, 의열단 의백이자, 민족혁명당의 서기였고, 조선의용대의 대장, 한국광복군의 부사령관이자 임시정부의 군무부장이었던 약산 김원봉은 남쪽에서도 북쪽에서도 전혀 흔적을 찾을 수 없다.

김원봉 연표

1898년
경상남도 밀양군에서 10남매 중 첫째로 태어나다.

1913년
서울 중앙학교에 입학했다가 중퇴 후 전국 무전여행을 하다.

1916년
중국 톈진 덕화학당에 입학하여 독일어를 배우다.

1919년
12월 중국 지린성에서 윤세주·이성우 등 13인과 의열단을 조직하고 의백으로 뽑히다.

1920~1924년
1920년 의열단원 최수봉의 밀양경찰서에 폭탄 투척 사건, 1921년 의열단원 김익상의 조선총독부 폭탄 투척 사건, 1922년 의열단원 김익상·오성륜·이종암의 상하이 황포탄 일본육군대장 다나카 기이치 저격 사건, 1923년 '조선혁명선언'의 공개, 의열단원 김상옥의 종로경찰서 폭탄 투척 사건, 1924년 의열단원 김지섭의 도쿄 이중교 폭파 시도 사건을 주도하다.

1926년
12월 의열단원 나석주가 동양척식주식회사와 조선식산은행에 폭탄을 던지다.

1931년
박차정 결혼하다.

1932년
중국국민당 정부와 제휴하여 '조선혁명군사정치간부학교'를 열고, 10월 '조선혁명군사정치간부학교'의 교장이 되다.

1933년
조선혁명군사정치간부학교 1기 졸업생을 국내와 만주 등지로 파견하다.

1935년
독립운동 단체 9개를 묶어
'조선민족혁명당'을 결성하고 총서기가
되다.

1938년
중국 한커우에서 '조선의용대'를
만들고 총대장이 되다.

1939년
김구와 함께 '동지·동포에게 보내는
공개 통신'을 발표하다.

1941년
민족혁명당 중앙회의에서
대한민국임시정부에 참여함을
선언하다.

1942년
충칭에 남은 조선의용대 병력을 광복군
1지대로 편제하고 광복군 부사령관 겸
제1지대장에 취임하다.

1944년
임시정부 군무부장에 취임하다. 5월
부인 박차정이 사망하다.

1945년
8월 15일 일본이 무조건
항복함으로써 해방되자 국내에
세워진 조선인민공화국의 군사부장에
추대되다. 12월 임정요인 2진으로
귀국하다.

1946년
민주주의민족전선에 참여하여
공동의장에 추대되다. 9월 총파업 사건
배후 혐의로 성북경찰서에 갇히다.

1947년
친일파 경찰 노덕술에게 체포되어
폭행을 당하다.

1948년
김구·김규식이 제안한
'남북지도자회의' 주석단의 한
사람으로 선출되다. 연석회의 전체의
사회를 맡다. 8월 북한에 남아
북한정권의 최고인민회의 대의원으로
선출되다.

1958년
최고인민회의 상임위원회
부위원장직에서 해임되다.

작가의 말

자유는 우리의 힘과 피로 얻어진다

중국 난징시 근처 황룡산 기슭에는 아무도 찾지 않는 낡은 건물이 몇 채 있습니다. 그런 곳에 건물이 있다는 것도, 누가 있었는지도 아는 사람이 거의 없지요. 이곳은 100년 전 조선 독립을 위해 싸울 군대의 간부를 훈련했던 '조선혁명군사정치간부학교'입니다. 125명의 이곳 졸업생은 조선과 만주로 넘어가 일제에 맞서 활약했고, 조선의용대, 광복군 등에서 독립군 부대를 이끌었습니다.

이 학교를 세우고 교장을 지낸 사람이 약산 김원봉입니다. 1920년대에 무력 투쟁만이 조선의 해방을 가져온다는 신념 아래 암살과 테러로 경성을 뒤흔들고 일제를 잠 못 들게 한 의열단의 단장이기도 합니다. 한국 사람이 가장 존경하는 독립운동가 김구 선생보다 현상금이 더 높았습니다. 그 사실만으로도 누구나 김원봉을 기억하고 존경을 표해야 할 것 같지만 현실은 저 버려진 건물처럼 김원봉이 누구인지, 무슨 일을 했는지 모르는 사람이 대부분이지요.

평생 독립을 위해 몸 바쳐 싸웠지만 독립 후 여전히 친일파 경찰에게 수모를 당하고 북한으로 건너간 것 때문에 이름이 있어도 부르지 못하는 사람이 되고 말았습니다. 뭔가 잘못된 것 같지 않나요?

《손자병법》에 '상과 벌이 분명하지 않으면 모든 백성이 요행을 바라고 살게 된다'는 말이 있습니다. 어차피 벌도 칭찬도 없을 것이라면 거리낌 없이 나쁜 짓을 하고, 희생을 해 가며 옳은 일을 하지는 않을 것이라는 뜻입니다.

억압당하는 우리 민족을 해방시키기 위해 온몸을 던졌고, 오늘날 우리가 다른 민족의 지배를 받지 않고 자유롭게 살아갈 수 있도록 만든 사람이 누구인지 기억하는 것만으로도 상이 될 수 있다고 생각합니다.

"자유는 우리의 힘과 피로 얻어지는 것이지, 결코 남의 힘으로 얻어 내는 것이 아니다. 독립을 위해 우리는 피를 흘릴 수밖에 없다."

어떻게 살 것인지 고민했던 수많은 조선 청년에게 독립의 확신을 심어 주었던 김원봉의 이 말을 기억해 우리만이라도 상을 주었으면 좋겠습니다.

손주현

인물이야기 01

김원봉과 의열단 독립운동

1판 1쇄 발행 | 2019. 5. 20.
1판 2쇄 발행 | 2020. 7. 11.

손주현 글 | 한용욱 그림

발행처 김영사 | **발행인** 고세규
편집 박은희 | **디자인** 홍윤정
등록번호 제 406-2003-036호 | **등록일자** 1979. 5. 17.
주소 경기도 파주시 문발로 197(우10881)
전화 마케팅부 031-955-3100 | **편집부** 031-955-3113~20 | **팩스** 031-955-3111

ⓒ 2019 손주현, 한용욱
이 책의 저작권은 저자에게 있습니다. 저자와 출판사의 허락 없이 내용의 일부를
인용하거나 발췌하는 것을 금합니다.

값은 표지에 있습니다.
ISBN 978-89-349-9587-6 74080

좋은 독자가 좋은 책을 만듭니다. 김영사는 독자 여러분의 의견에 항상 귀 기울이고 있습니다.
전자우편 book@gimmyoung.com | 홈페이지 www.gimmyoungjr.com

이 도서의 국립중앙도서관 출판시도서목록(CIP)은 서지정보유통지원시스템
홈페이지(http://seoji.nl.go.kr)와 국가자료공동목록시스템(http://www.nl.go.kr/kolisnet)에서
이용하실 수 있습니다. (CIP제어번호 : CIP2019018262)

어린이제품 안전특별법에 의한 표시사항

제품명 도서 제조년월일 2020년 7월 11일 제조사명 김영사 주소 10881 경기도 파주시 문발로 197
전화번호 031-955-3100 제조국명 대한민국 ⚠️주의 책 모서리에 찍히거나 책장에 베이지 않게 조심하세요.